Stefanie Quade | Okke Schlüter

DesignAgility – Toolbox Media Prototyping

Medienprodukte mit Design Thinking agil entwickeln

2017

Schäffer-Poeschel Verlag Stuttgart

Bibliografische Information der Deutschen Nationalbibliothek
Die Deutsche Nationalbibliothek verzeichnet diese Publikation in der Deutschen Nationalbibliografie;
detaillierte bibliografische Daten sind im Internet über http://dnb.d-nb.de abrufbar.

Gedruckt auf chlorfrei gebleichtem, säurefreiem und alterungsbeständigem Papier

Print ISBN 978-3-7910-3728-8   Bestell-Nr. 10185-0001
ePDF ISBN 978-3-7910-3729-5   Bestell-Nr. 10185-0150

© 2017 Schäffer-Poeschel Verlag für Wirtschaft · Steuern · Recht GmbH
www.schaeffer-poeschel.de
service@schaeffer-poeschel.de

Umschlagentwurf: Goldener Westen, Berlin
Umschlaggestaltung: Kienle gestaltet, Stuttgart
Gestaltung: Alena Hof
Satz: Olga Baykalova
Druck und Bindung: BELTZ Bad Langensalza GmbH, Bad Langensalza

Printed in Germany
März 2017

Schäffer-Poeschel Verlag Stuttgart
Ein Tochterunternehmen der Haufe Gruppe

Ihr Online-Material zum Buch

- Arbeitshilfen und Vorlagen für Ihr DesignAgility-Projekt
- praktische Umsetzung der einzelnen DesignAgility-Schritte
- laufend aktualisierte Auswahl an Downloads

So funktioniert Ihr kostenloser Zugang
- rufen Sie **www.designagility.de** auf
- gehen Sie zum Menüpunkt Downloads
- dort finden Sie die aktuelle Auswahl an Download-Materialien

Wir freuen uns auf den Austausch mit Ihnen!
- Schreiben Sie uns an **designagility@gmail.com**, wie wir die Download-Materialien verbessern können.
- Schicken Sie uns gerne Ihre eigenen Materialien mit Copyright-Vermerk, die wir dann auf **www.designagility.de** einstellen können.
- Berichten Sie von Ihren DesignAgility-Projekten und lesen Sie auf **www.designagility.de** von den Erfahrungen anderer.

Inhaltsverzeichnis

Einleitung

»Wer nichts waget, der darf nichts hoffen.«
Friedrich Schiller

Einleitung

»Wer nichts waget, der darf nichts hoffen.«
Friedrich Schiller

Design Thinking ist als Innovationsmethode aktuell in aller Munde. DesignAgility ist die Adaption dieser Methode für die Verlags- und Medienbranche und dient der Unterstützung bei der Entwicklung von Medien-Innovationen. Die Autoren haben sich das Ziel gesetzt, Design Thinking für die Branche, in der sie gearbeitet haben und der sie sich verbunden fühlen, anzupassen und einfach einsetzbar zu machen.

Mit DesignAgility geht es im Kern darum, sich gut vorbereitet in die Zielgruppe hineinzuversetzen, aus ihrem Blickwinkel Ideen zu generieren und resultierende Prototypen im Markt mit minimalem Aufwand zu testen. DesignAgility ist ein methodischer Rahmen (Framework), der sich gut auf einzelne Unternehmen und Fragestellungen anpassen lässt.

• DesignAgility ist »plug & play« speziell für Medienschaffende •

Da beide Autoren sowohl praxisnah als auch wissenschaftlich tätig sind, wird DesignAgility als Methode aus ihren Grundlagen hergeleitet und dabei am Rande auch in ihren Forschungskontext eingeordnet. Das Buch, wie auch DesignAgility selbst, ist sehr anwendungsorientiert. In dem Wissen um die aktuelle Situation von Verlagen und Medienunternehmen bietet es neben Hintergrundinformationen konkrete Anleitungen und detaillierte Vorgehensweisen, mit denen die Leser selbst ohne große Vorbereitungen innovativ werden können. In diesem Sinne möchten die Autoren einen Beitrag zu Innovation und Zukunftssicherung der Medienbranche leisten.

In zahlreichen Seminaren war ausreichend Gelegenheit, DesignAgility zu testen und zu verbessern. Der vorausgegangene Leitfaden der Autoren »Design Thinking: Media Prototyping« (Quade/Schlüter 2015) hat sich den Rückmeldungen zufolge bewährt und wichtige Anregungen für die DesignAgility gegeben. Wie in Kapitel 3 ausgeführt wird, kann man sich mit diesem Buch erst einlesen oder auch sofort in ein Innovationsprojekt starten. DesignAgility ist »plug & play«, denn ...

- Innovation lebt vom Ausprobieren,
- frühe Perfektion ist nicht das Ziel,
- dynamische Märkte brauchen flexible Methoden,
- DesignAgility passt maßgeschneidert für Medien.

Der Medienwandel beinhaltet zwar große Herausforderungen, bietet jedoch auch zahlreiche Chancen, die DesignAgility direkt aufgreift. Neben dem Buch werden ergänzende Downloads unter **www.designagility.de** zur Verfügung gestellt. Diese Materialien sind für die konkrete Umsetzung der DesignAgility in Innovationsworkshops gedacht. Zudem helfen sie, künftige Ergänzungen schnell und komfortabel anbieten zu können. Gleichzeitig bietet www.designagility.de Neuigkeiten zu Events, aktuelle Veröffentlichungen und Kontaktmöglichkeiten zu den Autoren.

Im vorliegenden Buch wurde für eine bessere Lesbarkeit häufig grammatikalisch die maskuline Form verwendet. Namensbezeichnungen wurden rein zufällig gewählt und entsprechen keinen realen Personen. Selbstverständlich möchten wir gender- und herkunftsneutral alle Medienschaffenden zu der Lektüre von DesignAgility einladen, die sich für Innovation interessieren.

Die nebenstehende Grafik zeigt auf einen Blick, was die Leser in den folgenden Kapiteln erwartet: Eine Methode mit acht Phasen, die jeweils aus zwei Schritten bestehen. Sie stellen eine klar definierte Abfolge dar und greifen zum Teil aufeinander zurück. Der DesignAgility-Prozess wird im Detail in den Kapiteln 1–8 erläutert, begleitet von einem Fallbeispiel, das durch alle 8 Kapitel geführt wird. Den Rahmen bilden vier einleitende Kapitel und eine Zusammenfassung am Schluss.

Wie hinter fast allen Büchern verbergen sich auch hinter diesem, neben den Autoren, Personen und Unterstützung, für die wir uns in aller Form bedanken möchten. Der Studienkommission für Hochschuldidaktik des Landes Baden-Württemberg danken wir für die finanzielle Förderung des zugrunde liegenden Leifadens im Jahr 2014. Ein besonderer Dank geht an Nina Neef für die visuelle Gestaltung unserer Personas. Verena Bößmann und Nicole Fröhlich waren in der Endphase eine wertvolle Unterstützung, auch ihnen gebührt unser herzlicher Dank. Layout und Grafik von Alena Hof unterstützen das Konzept hervorragend, auch ihr danken wir sehr. Schließlich bedanken wir uns beim Schäffer-Poeschel Verlag Stuttgart für das Angebot zur Veröffentlichung und die gute Zusammenarbeit.

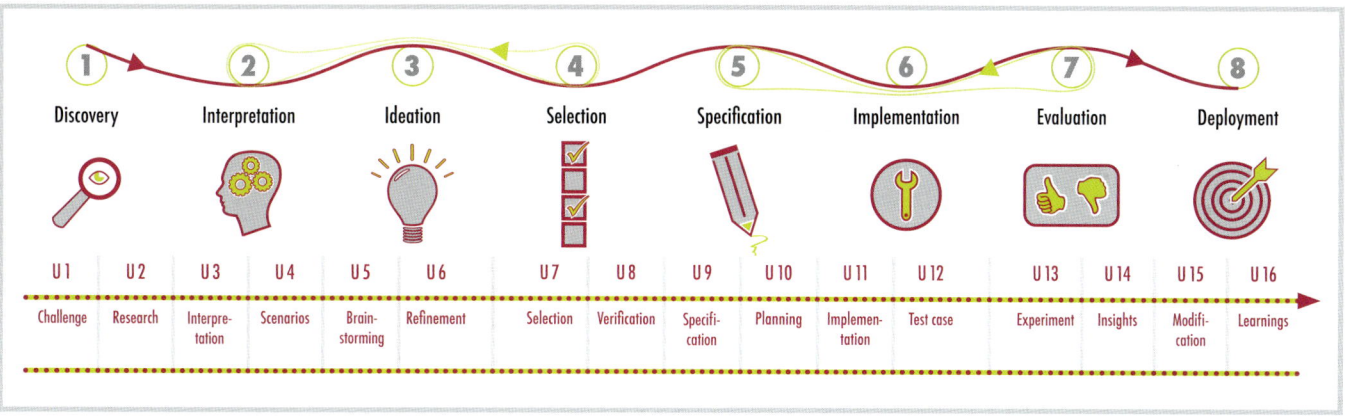

Abb. 1 • *Die acht Phasen des DesignAgility-Prozesses*

Für wen ist DesignAgility gedacht?

I

»Nichts ist so konstant wie die Änderung – bei einem kreativen
Menschen gar unvermeidlich!« Willy Meurer

An wen sich ein Angebot richtet, ist der Dreh- und Angelpunkt von marktorientierten Unternehmen. Auch dieses Buch richtet sich konsequent an seiner Zielgruppe aus. Für sie wurde DesignAgility entwickelt und für sie entstand dieses Buch. Der Begriff »Media Prototyping« aus einer früheren Publikation der Autoren deutete es schon an: DesignAgility richtet sich an alle Medienschaffenden, die Inhalte erstellen oder aufbereiten, um diese einer Zielgruppe zur Verfügung zu stellen. Diese Tätigkeit ist u. a. charakteristisch für:

- Autoren und Kreative im engeren Sinne,
- Redakteure, Lektoren und Produktmanager,
- (Werbe-)Agenturen,
- Packager,
- Dienstleister von contentgetriebenen Unternehmen,
- Berater,
- Trainer.

Entscheidend ist also vielmehr die Tätigkeit als das Unternehmen, in dem man arbeitet. Medienschaffende arbeiten überall und mit ihrer Arbeit befasst sich dieses Buch.

Warum DesignAgility? Use Cases

In einer Studie zum Innovationsmanagement in der deutschen Buchbranche 2013/14 stellte sich heraus, dass Innovation sehr unterschiedlich verstanden und auch unterschiedlich praktiziert wird. Die Mehrzahl der interviewten Geschäftsführer und Verleger war sich einig, dass Innovationsideen künftig aus allen Bereichen und Ebenen eines Unternehmens einfließen sollen. Der Anlass für ein Innovationsprojekt – und damit der Ausgangspunkt von DesignAgility als Innovationsmethode – kann ganz verschieden sein, er kann:

• Books in Action: Innovationsmanagement in der dt. Buchbranche (2014) •

- vom Topmanagement initiiert sein,
- aus der täglichen Arbeit einer Abteilung resultieren,
- von Kooperationspartnern oder Absatzmittlern angestoßen werden,
- von den Kunden direkt als Anregung oder Beschwerde übermittelt werden,
- auf Vorschläge anderer Stakeholder zurückgehen oder auch
- durch die digitale Transformation der Medienmärkte ausgelöst sein.

All diese Impulse münden in eine ähnliche Situation: Ein Team wird damit beauftragt, eine Lösung zu entwickeln. Möglicherweise nimmt eine Person im Team dabei eine führende oder moderierende Rolle ein. Sie sollte dann mindestens ebenso gut mit der Methode vertraut sein, wie der Rest des Teams.

Von allen diesen Impulsen, die zur Suche nach neuen, besseren Lösungen auffordern, geht ein bestimmter Erfolgsdruck aus: Marktanteile sollen dazugewonnen oder verteidigt werden, die Wirtschaftlichkeit muss gewahrt bleiben und Zeit spielt in einem dynamischen Marktumfeld eine kritische Rolle. Eine strukturierte, aber flexibel anpassbare Innovationsmethode soll helfen, diese Teamarbeit zu unterstützen, Risiken zu beherrschen und greifbare Ergebnisse zu erreichen.

DesignAgility ist eine für Praktiker entwickelte Innovationsmethode, die bereits vor Erscheinen dieses Buches in einer

Reihe von Workshops und Projekten erprobt und verbessert wurde. DesignAgility bietet dadurch eine praxisnahe Methode für das Innovationsmanagement in Verlagen und Medienunternehmen.

Wie? Der Einsatz von DesignAgility

DesignAgility basiert als Innovationsmethode auf Grundsätzen, die auf die derzeitige Situation im Mediensektor zugeschnitten sind. Auf dieser Ebene versteht sich DesignAgility als Beitrag zu einem strategischen Diskurs zur digitalen Transformation und Zukunftssicherung der Branche.

Im Detail ist DesignAgility auf die Arbeit in Projekten und Workshops ausgerichtet. Als Ausgangspunkt dient eine Innovationsfrage, die im Design Thinking als Challenge bezeichnet wird. DesignAgility setzt dort an, wo sich Menschen in einem Team zusammensetzen, um nach einer Lösung für eine Challenge zu suchen.

Wie nutzen Sie dieses Buch?
1. Als systematische Lektüre, um die Grundlagen und Prinzipien der Methode zu verstehen.
2. Als konkrete Vorbereitung auf ein Innovationsprojekt.
3. Als Leitfaden während eines Innovationsprojektes bzw. -workshops.

Für den ersten Zugang empfiehlt sich die chronologische Lektüre. Für den zweiten Zugang kann man mit dem Kapitel zu den Voraussetzungen beginnen, um sich direkt auf ein Innovationsprojekt vorzubereiten. Für den dritten Zugang und direkten Start eines Innovationsprojektes kann man die acht Kapitel zu den Hauptphasen der DesignAgility immer direkt vor und während der Projektarbeit zurate ziehen. Die konkreten Arbeitsschritte einschließlich der benötigten Hilfsmittel zur Durchführung lassen sich direkt in die Praxis umsetzen.

Es sind nur einige wenige Voraussetzungen zu beachten, damit DesignAgility als Methode greift und brauchbare Ergebnisse zutage fördert (s. dazu Kap. IV »Wie starte ich DesignAgility?«).

Für den Einstieg bieten die Autoren ebenfalls Seminare zum Thema an (u.a. für die Akademie der Deutschen Medien), in denen die Methode erläutert und anhand beispielhafter Challenges praktisch angewendet wird. Auf der Website **www.designagility.de** werden die Termine genannt und weiterführende Downloads angeboten.

Bei allen unterstützenden Angeboten kann es natürlich sein, dass DesignAgility von den Anwendern zunächst als andersartig und eventuell etwas fremd wahrgenommen wird. Wie die bereits zitierte Studie gezeigt hat, kann die Innovationskultur in Unternehmen sehr unterschiedlich sein – davon hängt sicher auch die erste Wahrnehmung der DesignAgility ab.

- DesignAgility setzt mit der Discovery früher an als andere Innovationsmethoden.
- DesignAgility integriert die Zielgruppe in das Denken über neuartige Produkte und Lösungen.
- DesignAgility kontaktiert die Zielgruppe während eines Innovationsprozesses mehrfach.

- DesignAgility hebt die besonderen Potenziale gemischter Teams.

Abhängig von der etablierten Innovationskultur kann DesignAgility zahlreiche neue Arbeitsweisen enthalten. Um dies für die unterschiedlich ausgeprägten Medienschaffenden zu veranschaulichen, wurden für dieses Buch Personas modelliert, die beispielhaft für die Breite und Heterogenität der Medienschaffenden stehen. Sie bieten typische Blickwinkel und Interessenslagen, so wie sie den Autoren in der Medienbranche begegnet sind und noch begegnen. Sie haben demzufolge auch unterschiedliche Innovationsziele, die später präsentiert werden. Eine der Personas wird in allen acht Hauptkapiteln auch in Form einer Case-Study präsent sein, um die Anwendung der Methode zu illustrieren. Auf den folgenden Seiten werden die einzelnen Personas mit ihren beispielhaften DesignAgility-Challenges kurz porträtiert.

• Sechs Personas stehen beispielhaft für die Vielfalt der Medienschaffenden, für die DesignAgility entwickelt wurde •

Sechs beispielhafte Personas

Christian, 38 Jahre, arbeitet als Produktmanager in einem Fachverlag. Seine Innovationsaufgabe besteht darin, Produkte oder Lösungen zu entwickeln, die seinen Kunden durch Fachinformation die Arbeit erleichtern, weswegen sie bereit sind, für diese Angebote zu bezahlen. Auch wenn Fachverlage zu denjenigen Verlagen zählen, die früh mit digitalen Produktformen experimentiert haben und schon viele Erfahrungen damit gesammelt haben, ist Christians Challenge alles andere als trivial. Der andauernde Medienwandel, was Endgeräte, Arbeitsumgebungen und Prozesse bei den Kunden betrifft, erfordert ein agiles Denken. Neue Wettbewerber und der Verdrängungswettbewerb in einem begrenzten Marktsegment sind zusätzliche Herausforderungen.

Christian hat bereits allgemeine Seminare zu Innovationsmethoden besucht. Was ihm jedoch fehlt, ist eine konkrete Vorgehensweise, die sich an den Bedürfnissen seiner Kunden orientiert und eine frühe Potenzialabschätzung erlaubt.

Produktmanager Fachverlag

17

Florence, 31 Jahre, arbeitet als Art Director eine Werbe- und Designagentur schon längere Zeit in der Medienbranche. Sie hat ein Gespür für Designtrends und ist immer auf dem Laufenden. Ihre Agentur konzipiert vor allem Kampagnen und setzt diese auch um. Auf Marken-Relaunchs und Umfirmierungen von Unternehmen hat sich Florence spezialisiert, aber je nach Auftragslage ist sie in ganz unterschiedliche Projekte eingebunden. Immer geht es ihren Auftraggebern darum, modern und innovativ zu wirken – dafür ist das Trendscouting von Florence wichtig. Umgekehrt ist ihr bewusst, dass die unkritische Übernahme von Trends kontraproduktiv für ihre Kunden sein kann: Sie riskieren damit ihr klares Profil und ihre Unverwechselbarkeit.

Als Florence zum ersten Mal von Design Thinking gehört hat, fühlte sie sich naturgemäß sofort angesprochen. Mittlerweile hat sie verstanden, dass es dabei nicht nur um Design im gestalterisch-ästhetischen Sinne geht, sondern um Innovation generell. Sie ist neugierig auf diese Methode, weil sie die Balance zwischen Trend und Unverwechselbarkeit ihrer Auftraggeber entwickeln und erproben kann.

Art Director Agentur

Maximilian, 47 Jahre, ist stellvertretender Chefredakteur eines Presseverlages. Wie viele andere Verlage in diesem Segment muss auch er für seinen Verlag eine Antwort auf sinkende Abonnentenzahlen finden. Da für Content in digitaler Form nur eine geringe Zahlungsbereitschaft herrscht, denkt Maximilian über kostenpflichtige Dienstleistungen nach, die zum Markenkern des Verlages passen. Einen misslungenen Markteintritt kann er sich angesichts des Kostendrucks aber nicht leisten, er möchte sich mit einem Flop nicht für einen weiteren Stellenabbau im Verlag mitverantwortlich fühlen. Maximilian braucht also eine Innovationsmethode, mit der er die Akzeptanz seiner Ideen bei der Zielgruppe schon in der Konzeptphase testen kann. Durch das Abonnementgeschäft hat er zum Glück Zugang zu Kundendaten. Er darf diese zwar nicht für Werbung benutzen, aber die Zustimmung zu einer Kundenbefragung in eigener Sache konnte er der Leiterin des Kundenservice abringen. Beim alljährlichen »Tag der offenen Tür« im Verlag möchte er seine Dienstleistungsideen mit den Besuchern testen, inhaltliches Feedback einholen und die potenziellen Kunden zur Preisakzeptanz befragen.

Stellv. Chefredakteur Presseverlag

19

Maren, 42 Jahre, ist ausgebildete Journalistin und arbeitet jetzt als Projektleiterin bei einem Corporate-Publishing-Dienstleister. Das Team dort arbeitet ähnlich einer Agentur und erstellt im Auftrag von Firmen aller Branchen Kunden- und Mitarbeiterzeitschriften, Imagebroschüren sowie vereinzelt auch Geschäftsberichte. Dabei erwarten die Auftraggeber immer neue Formate, um ihr Unternehmen attraktiv zu präsentieren. Innovation ist also an der Tagesordnung. Die Ideen müssen zunächst von den Auftraggebern freigegeben werden, letztlich aber die Nutzer ansprechen. Wie in einem Verlag betreibt auch Maren Innovation auf zwei Ebenen: Auf der Inhaltsebene experimentiert sie mit aktuellen Erzählkonzepten wie Transmedia Storytelling, auf medialer Ebene verknüpft sie Print mit digitalen Medien. Maren möchte bei ihrem aktuellen Projekt gerne Augmented Reality (AR) einbinden und technische Fakten durch Gamification ansprechender präsentieren. Der Auftraggeber hat Sorge, dass die Zielgruppe den Aufwand einer AR-App scheut und Gamification das Unternehmen unseriös erscheinen lässt.

Projektleiterin Corporate Publishing

Jan, 29 Jahre, ist als Chief Technology Officer eines Publikumsverlages, technischer Vordenker und Visionär seines Unternehmens. Als Informatiker kann er sich für Technologien und Endgeräte begeistern, womit er im Verlag nicht immer auf Gegenliebe stößt. Das Haus ist mit Printprodukten erfolgreich geworden, der berufliche Werdegang vieler Mitarbeiter ist eng damit verknüpft. Die Belletristik für Erwachsene ist seit einigen Jahren auch in Form von E-Books verfügbar und verkauft sich gut. Im Kinder- und Jugendbuchbereich sind Absatzzahlen und Umsätze so gut, dass man keinen unmittelbaren Handlungsdruck vermutet. Vielen im Verlag ist aber klar, dass der Medienwandel und insbesondere die Nutzungsgewohnheiten der sogenannten *Digital Natives* in diesem Segment früher oder später spürbar werden. Jan möchte deshalb mit neuen Produktformen experimentieren, bevor sie durch den Wettbewerb zwingend notwendig werden. Er hat aber die Vorgabe von der Verlegerin, die Zielgruppe und Fans des Verlages damit nicht zu verschrecken. Jan möchte deshalb zunächst Prototypen erstellen und diese mit künftigen Nutzern testen.

CTO Publikumsverlag

21

Kim, 52 Jahre, hat ursprünglich Psychologie studiert, ist mittlerweile selbstständig und auf Change Management spezialisiert. Dabei sind Innovationsthemen in den letzten Jahren immer mehr in den Vordergrund gerückt, denn für viele Kunden ist Innovation meist direkt mit Veränderungen im Unternehmen verknüpft. In Seminaren und Workshops bereitet Kim die Teilnehmer auf Innovationsprojekte und die damit verbundenen Veränderungen vor oder begleitet diese über die Laufzeit des Projektes hinweg.

Die Auftraggeber bzw. Kunden möchten nicht nur selbst innovativ sein, sondern erwarten auch von ihren Dienstleistern innovative Fähigkeiten. Kim möchte deshalb DesignAgility näher kennenlernen, weil es sich als Methode für Innovationsworkshops zu eignen scheint. Wichtig ist dabei für Kim, auch mit einer neuen Methode souverän auftreten zu können. Klare Handlungsanweisungen und passende Hilfsmittel sind dafür essenziell. Kim muss auch den Hintergrund von DesignAgility verstehen, um die Methode den Kunden nahebringen zu können.

Training & Coaching

22

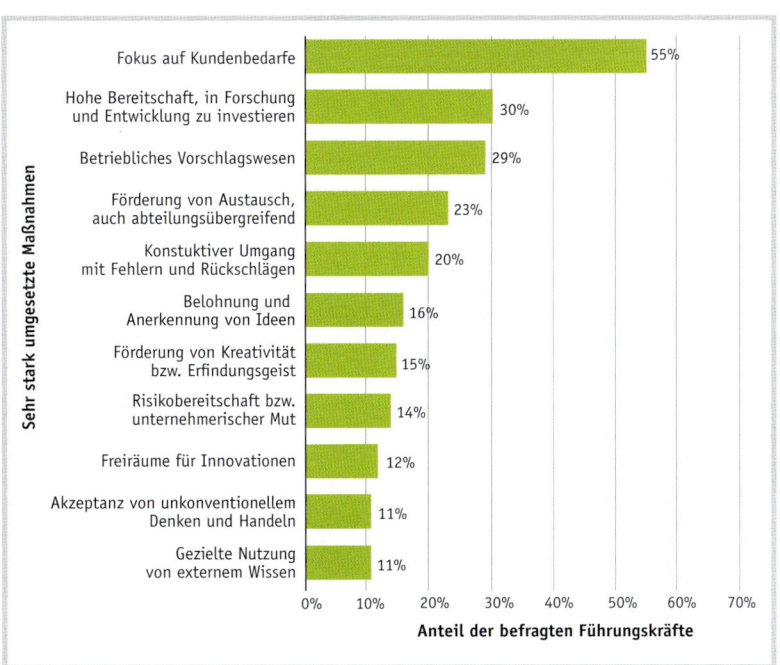

Abb. 2 • *Umsetzung zur Umsetzung einer Innovationskultur in Unternehmen 2014 (Quelle: www.statista.com)*

Wie stark werden die folgenden Maßnahmen zur Innovationskultur in Ihrem Unternehmen umgesetzt?

Die Ergebnisse dieser branchenübergreifenden Umfrage zeigen, dass der Kundenfokus zwar relativ am stärksten ausgeprägt, aber in knapp der Hälfte der befragten Unternehmen noch verbesserungsfähig ist. Methodisch setzt DesignAgility in den schwach ausgeprägten Bereichen an, wie Kreativitätsförderung, Freiräumen für Innovationen und Nutzung von externem Wissen.

Was steckt hinter DesignAgility?

II

»If you want something new, you have to stop doing something old.« Peter F. Drucker

Die Begriffe *Digitale Transformation* und *Innovationsmanagement* sind Buzzwords – doch den wenigsten Unternehmen, auch in der Medienbranche, gelingt es nach wie vor, eine echte Innovationskultur zu etablieren. Der Wunsch nach Neuerungen ist groß, doch der Schritt zur Marktakzeptanz und Geschäftsmodellrealisierung riesig. Wie lässt sich diese Lücke schließen? Wie lassen sich praktische Handhabbarkeit mit theoretischen Konzepten vereinen? DesignAgility bietet eine Lösung, die der Erstellung von Prototypen für Medieninnovationen dient. Ziel ist es, testbare Produkte und Services in kollaborativer, kreativer Arbeitsweise und kurzer Zeit zu generieren, um die Innovation frühzeitig im Markt zu prüfen. Gleichermaßen für alle Medienschaffenden und -manager einsetzbar, erweitern die Beteiligten ihre Kompetenzen, um die Zukunft der Medienbranche und die digitale Transformation aktiv zu gestalten.

Im Folgenden wird der theoretische Methoden-Mix, der hinter DesignAgility steckt, im Einzelnen aufgezeigt. Durch den modularen, didaktisierten Aufbau bietet DesignAgility eine Anleitung für alle, die die etablierte Innovationsmethode Design Thinking kombiniert mit Umsetzungselementen des agilen Projektmanagements und Erzählmethoden aus dem (Visual) Storytelling zur Generierung von innovativen Geschäftsmodellen in der Medienbranche nutzen möchten.

Wie ist DesignAgility entstanden?

Was hat uns Autoren dazu bewogen, dieses Buch zu schreiben? Wir kommen beide aus der Medienbranche und haben in Verlagen Innovationsprojekte durch die Digitalisierung mitgestaltet. Zudem unterrichten wir beide an Hochschulen für Angewandte Wissenschaften. Dadurch verzahnen wir dort die Medienwissenschaften direkt mit der Praxis in Unternehmen. Wir haben einige Verlage schließen, gleichzeitig jedoch auch viele neue Ideen und Geschäftsmodelle sprießen sehen und wissen durch die Leitung von Projekten in Medienunternehmen, wie sehr der Handlungsdruck einerseits und interne organisatorische Einschränkungen andererseits Innovationen erschweren.

Daher haben wir uns gefragt, welche Möglichkeiten es gibt, dieses Dilemma zu lösen: Wie generieren wir Ideen für neue Geschäftsmodelle und prüfen diese im Markt frühzeitig, ohne viel Geld zu riskieren? Wie können wir anwendungsorientiert technische Neuerungen ausprobieren und prüfen, ob sie sich in den internen Herstellungsprozess integrieren lassen? Diese Fragen haben uns zusammengebracht und gemeinsam nach Lösungen suchen lassen. Das erste gemeinsame Projekt war eine Medien-Prototypen-Entwicklung aus einer Verlags-/Hochschulkooperation heraus. Der Prototyp wurde nach erfolgreichem Test mit dem Kunden im Anschluss weiterentwickelt und zur Marktreife gebracht. Parallel wurde DesignAgility in weiteren Innovationsprojekten an Hochschulen und in Verlagen erprobt und verfeinert.

Mit DesignAgility haben wir einen methodischen Ansatz geschaffen, der sowohl auf bestehenden, gut funktionierenden Methoden aufbaut als auch leicht verständlich und anwendbar für die Medienbranche ist. Unser Ziel ist es, neue Lösungen mithilfe einer neuen Denkweise und eines ganzheitlichen Ansatzes zu erzeugen, der eine Innovationskultur bei Medienschaffenden fördert (Abb. 3).

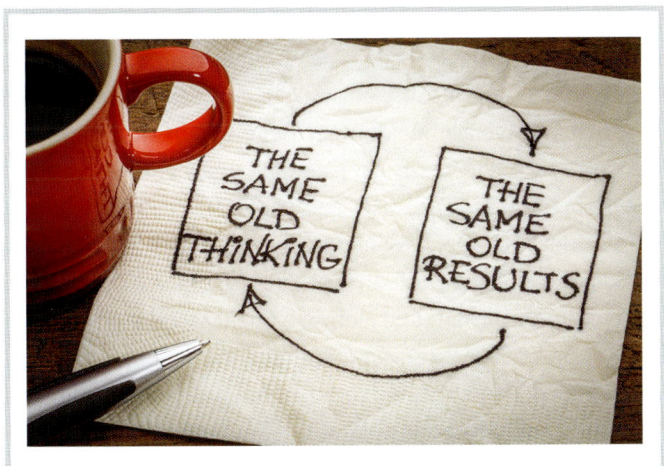

Abb. 3 • *Das immer selbe Denken führt zu den immer selben Ergebnissen (Quelle: iStock)*

Wann eignet sich DesignAgility?

Sicher kennen Sie diese Situation: Sie wissen, dass Sie in Ihrem Medienunternehmen etwas ändern müssen, um eine Innovationskultur zu schaffen, wissen aber nicht so recht, wie Sie starten sollen. Sie haben viele Ideen im Kopf, brauchen aber einen strukturierten und gleichzeitig kreativen Weg, um die Idee greifbar zu machen. Sie möchten neue Wege gehen, um dies nachhaltig im Team zu gestalten. Sie haben vielleicht bereits Seminare zum Thema »Innovationen« besucht, Ihnen fehlte dabei aber oft der Bezug zur Praxisebene der Medienbranche.

Um den dynamischen Anforderungen des Marktes für Medienprodukte und Services gerecht zu werden, geht DesignAgility auf die Spezifika von Medienschaffenden ein. Damit erhalten Sie eine praxiserprobte und gleichzeitig auf wissenschaftlich fundierten Methoden basierende Handlungsempfehlung für Ihr nächstes Medienprojekt.

DesignAgility eignet sich …

- um in kurzer Zeit testbare Medien-Prototypen zu kreieren, auf deren Grundlage eine Weiterführung in ein Projekt ermöglicht werden kann.
- um nutzerzentriert neue Technologien »erfahrbar« zu machen.
- um Medien-Innovationen auf Machbarkeit und Integration in bestehende Prozesse zu überprüfen.

Wichtig ist die Ausrichtung aller Prozesse und Entscheidungen auf die Nutzer-Perspektive. Alle Gestaltungseinheiten von DesignAgility erfolgen somit aus Sicht des Kunden. Ausgangsbasis hierzu ist das Human-Centered-Design, das im folgenden Abschnitt kurz erläutert wird.

Ausgangsbasis: Der Nutzer im Mittelpunkt

Das Human-Centered-Design ist angelehnt an das User-Centered-Design, das die Entwicklung von neuen Technologien auf den Nutzer abstimmt und die Bedürfnisse des Menschen ins Zentrum stellt. David Kelley, der Gründer von IDEO (Kelley, 2015), hat diesen Ansatz entwickelt, bei dem es ihm neben dem Schaffen von Produkten nach den Bedürfnissen von Anwendern vor allem auch darum ging, das kreative Potenzial von Menschen und Organisationen zu entfalten, um kontinuierlich Innovationen zu generieren.

Human-Centered-Design (Ideo 2015) ist eine Arbeitsweise, die ein Prozessmodell und Methoden umfasst. Der Kunde wird befragt und beobachtet, um die expliziten und unausgesprochenen Bedürfnisse zu erfahren. Daraus ergeben sich neue Chancen und Innovationsfelder, für die Ideen entwickelt werden. Anschließend werden die Ideen aus der wirtschaftlichen und organisatorischen Perspektive beleuchtet (Rentabilität? Umsetzbar in der Organisation?). Abb. 4 zeigt die Anwendung dieser drei Aspekte aus dem Human-Centered-Design-Ansatz, der in DesignAgility immer wieder in einem iterativen Prozess durchlaufen wird, um die Wirtschaftlichkeit und Umsetzbarkeit rund um die Medieninnovation für den Nutzer stets im Blick zu haben.

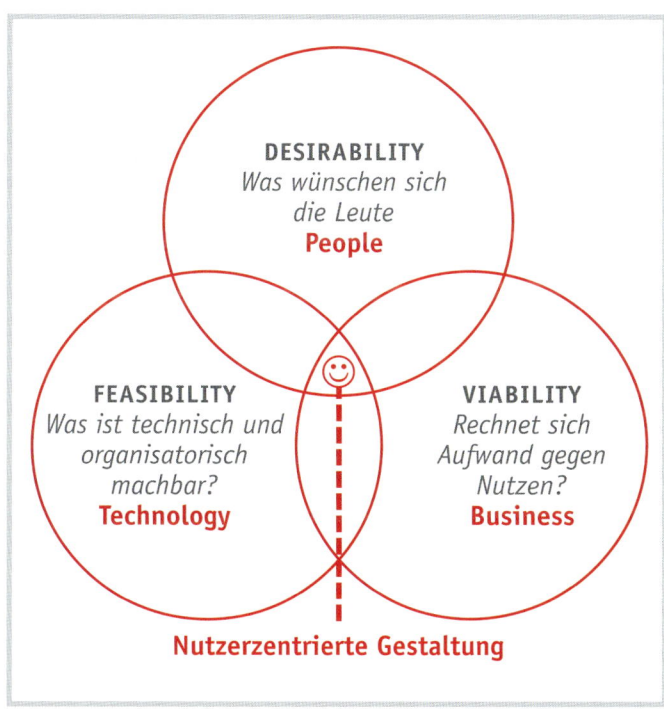

Abb. 4 • *Der Mensch im Mittelpunkt der nutzerzentrierten Gestaltung*

Worauf basiert DesignAgility?

In Zeiten dynamischer und radikaler Änderungen durch die Digitalisierung der Medienindustrie ist es umso wichtiger, Medienschaffende und -manager auf entsprechende operative Aufgaben vorzubereiten. Innovationsmethoden leisten einen wichtigen Beitrag zum Erfolg, denn sie bieten die nötigen Grundlagen, um den Herausforderungen in den Unternehmen mit erweiterten Kompetenzen zu begegnen.

Ausgehend vom Human-Centered-Design haben wir nach Ansätzen gesucht, die sich nach diesem Prinzip richten und sich für den praxisnahen Innovationsprozess eignen. Design Thinking (Brown 2009) hat sich als branchenunabhängige Methode in den vergangenen Jahren bewährt.

• Größte Kritik an Design Thinking: Unternehmen scheitern, wenn es ohne Anpassung an ihren Prozess implementiert wird (Dark Horse 2016) •

DesignAgility passt die Methode an die speziellen Anforderungen der Medienschaffenden an. Für DesignAgility wurden daher methodische Grundlagen aus dem Design Thinking als Innovationsmethode mit Ansätzen aus dem agilen Projektmanagement als Umsetzungsmethode miteinander verknüpft. Die Verwendung von User-Storys, die die Anforderungen aus Kundensicht beschreiben, wird kombiniert mit visuellem Storytelling als Darstellungsform. Weg von überlagerten Power-Points – hin zu einer spontan improvisierten, aber gleichzeitig durch eine Erzählstruktur klare Präsentation der Ergebnisse aus Nutzersicht. Visuelles Storytelling bietet hier eine fabelhafte Grundlage, um auch als zeichnerisch Unbegabter Ideen in Worte und Bilder zu fassen.

Die Kombination dieser drei methodischen Grundlagen (siehe Abb. 5) nutzt DesignAgility dazu, um eine didaktisierte Anleitung für das Prototyping im Medienbereich anzubieten. Hierdurch wird gewährleistet, dass Medienschaffende gezielt und organisiert Medienprototypen erstellen können und gleichzeitig die Innovationsfähigkeit und Kreativität im

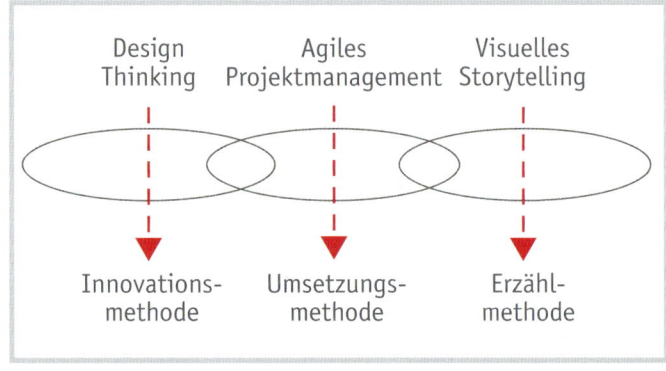

Abb. 5 • *DesignAgility kombiniert das Beste aus bewährten Methoden*

Team volles Potenzial entfalten kann. Zudem erhalten Sie als Leser und Anwender von DesignAgility einen Einblick in drei Themenfelder, die in Kombination entscheidend zu Ihrer Kompetenzerweiterung und zu einer praxisnahen Anwendung im Unternehmen beitragen.

Design Thinking

Ausgehend vom »Designen«, also »Gestalten« in kleinen Teams von Architekten und Designern, hat sich Design Thinking schon seit vielen Jahren zu einer Vorgehensweise entwickelt, mit der identifizierte Probleme durch die Gestaltung von Prototypen gelöst werden. Das Design Thinking wurde erstmals in der d.school an der Stanford University in den USA gelehrt. In den letzten Jahren haben es bereits zahlreiche Universitäten in ihr Curriculum übernommen wie z. B. das Hasso-Plattner-Institut in Potsdam oder die Universität St. Gallen. In Firmen wird es für das Innovationsmanagement, für kreative Prozesse und zur Steigerung der Wettbewerbsfähigkeit eingesetzt. Mittlerweile gilt dieser in der Praxis erprobte und wissenschaftlich erforschte Ansatz als anerkannt und in der Entwicklung von Innovationen als führend. Im Mittelpunkt steht die Bedürfniserforschung der Nutzer gemäß dem Zitat von Henry Ford: »If I had asked people what they wanted, they would have answered faster horses!«

Im Design Thinking arbeiten möglichst interdisziplinäre Teamsan der Gestaltung einer nutzerzentrierten Produktlösung. Hierbei gelten stets folgende Grundvoraussetzungen für die Eignung der Anwendung von Design Thinking:

- Nutzer stehen im Mittelpunkt
- hohe Komplexität der Aufgabe
- Lösungsweg ist unklar

Klassische Design-Thinking-Anleitungen sind in drei bis sechs Schritte unterteilt. An der School of Design Thinking am Hasso Plattner Institut wird die Aufteilung des Design-Thinking-Prozesses zum Beispiel in die sechs Schritte *verstehen, beobachten, Sichtweisen definieren, Ideen finden, Prototypen entwickeln* und *testen* unterteilt. Zentral ist die Unterscheidung der Schritte in einen Problemraum und einen Lösungsraum, bei dem eine ungewisse Ausgangslage und viele Fragen zur Klärung in einem iterativen Prozess zu einem gestalteten greifbaren Ergebnis führen.

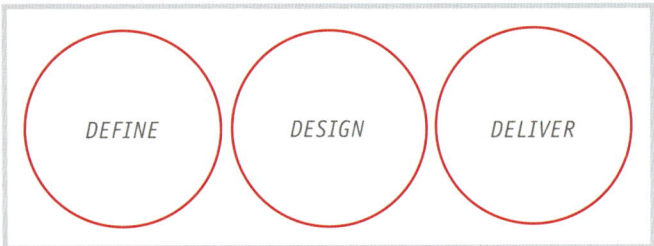

Abb. 6 • *Design Thinking – Hauptbereiche*

Zusammengefasst steht also immer eine Innovation im Mittelpunkt, die erschaffen wird (DESIGN), deren Kernbestandteile untersucht und definiert (DEFINE) und (Teil-)Lösungen geliefert (DELIVER) werden.

Wir haben daher diese drei Hauptbereiche des Design Thinking *Define*, *Design*, *Deliver* (Abb. 6) als Ausgangsbasis für unsere Überlegungen zur Definition der Anforderungen einer methodischen Anleitung für die Schaffung von Medieninnovationen genommen. Das Designen der Medieninnovation steht im Mittelpunkt, dann wechseln sich Define- und Deliver-Phasen ab. D. h. nach jeder Phase, in der etwas entdeckt,

gebrainstormt, spezifiziert oder erfragt wird, folgt ein Schritt, in dem ein vorzeigbares Ergebnis – eine Teillösung – vorliegt. An dieser Stelle kann die Medieninnovation vorgestellt, geprüft oder auch abgebrochen werden. Dieser Ansatz der sogenannten *Deliverables* wurde der agilen Projektmanagementmethode entnommen (siehe folgenden Abschnitt). Die Vorteile dieser Herangehensweise liegen auf der Hand: Die Iterationen gewährleisten eine nutzerzentrierte Gestaltung der Medieninnovation, an der zudem die Wirtschaftlichkeit und Umsetzbarkeit an jedem dieser *Deliver-Touchpoints* überprüft wird. Der Prozess ist nicht rein linear, sondern durchläuft mehrere Schleifen. Beim Design Thinking an sich handelt es sich eher um ein sogenanntes *Framework* als um eine Methode, in dem Kundennutzen, Ideen und wirtschaftliche Tragfähigkeit ganzheitlich den Menschen in den Mittelpunkt stellen. Alle Schritte sind iterativ miteinander verbunden und prüfen insbesondere immer wieder die Zustimmung durch den Nutzer. Rein praktisch gelingt dies durch Gespräche mit dem Nutzer und die Beobachtung seines Verhaltens. Dies wird in allen Phasen der DesignAgility immer wieder durch direkte

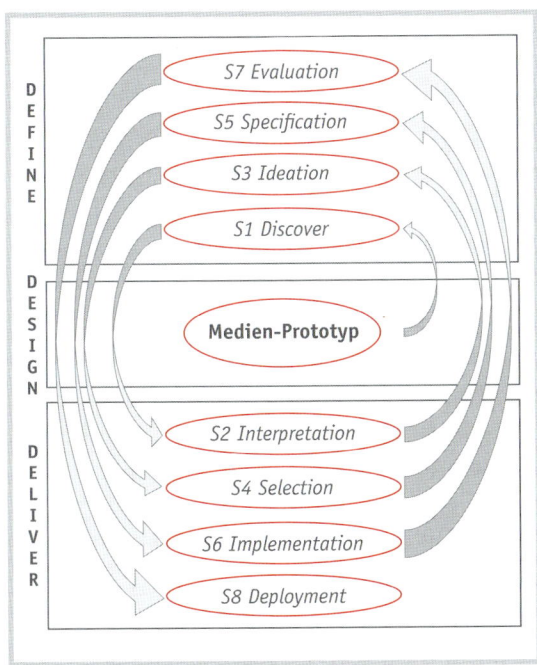

Abb. 7 • *DesignAgility Modell*

Befragungen, Tests und Ausprobieren durch den Nutzer gewährleistet. Eine weitere Möglichkeit ist die Betrachtung aus Sicht der Nutzerperspektive. Letzteres ist häufig entscheidend, da Nutzer sich Innovationen vielfach nicht vorstellen können oder sich anders verhalten, als sie in Befragungen äußern (Brown 2008).

DesignAgility baut auf diese drei Hauptbereiche *Define, Design, Deliver* (Abb. 6) auf und ist unterteilt in 8 Schritte, in denen Define- und Deliver-Phasen sich in dieser Logik abwechseln und der Prototyp mit jedem Schritt weiter designt wird (Abb. 7). Diese Schritte sind jeweils in zwei Untereinheiten mit konkreten Workshop-Anleitungen angereichert, die in den Kapiteln 1 bis 8 dieses Buches detailliert aufgeführt werden. Die didaktisierte Aufbereitung in 16 Untereinheiten ermöglicht eine Durchführung in flexiblen Zeitabschnitten, die jeweils zu Teilergebnissen führen und insbesondere nach den Deliver-Schritten vorgestellt und weitergeführt oder gestoppt werden können. Das Medienprodukt beziehungsweise der Service aus Sicht des Nutzers ist stets der Dreh- und Angelpunkt des DesignAgility-Prozesses.

Agiles Projektmanagement

Um den DesignAgility-Prozess praktikabel und handhabbar zu gestalten und flexibel in den bereits bestehenden Work-flow zu integrieren, haben wir darauf geachtet, bei allen 16 Untereinheiten ergebnisorientiert vorzugehen. So wird je Arbeitsschritt genau ein Ergebnis dokumentiert, das dann im Anschluss weiterverwendet oder weiterbearbeitet wird und schlussendlich zu einem Gesamtergebnis, dem auslieferbaren Prototypen, führt. Rückgriffe, die durch die Iterationen ermöglicht und gewünscht sind, werden sich so immer wieder um die (Teil-)Arbeitsergebnisse drehen. Hier bedient sich DesignAgility bewährter Methoden aus dem agilen Projekt-management. Im Vergleich zur Wasserfall-Methode, die aus der industriellen Produktion stammt und bei Änderungen sehr unflexibel reagiert, werden die Arbeitseinheiten *Sprints* bei der agilen Methode SCRUM so gesetzt, dass jederzeit ein Shippable Product am Ende jeden Sprints erfolgt (Pichler 2009). Agile Projektarbeit zeichnet sich durch ein iteratives Vorgehen und die Orientierung an agilen Werten, wie

sie z. B. im Agilen Manifest (agilemanifesto.org) beschrieben sind, aus. *Individuals, Interactions and Collaboration* – also das Zusammenspiel der Menschen – steht hier im Vordergrund vor der Technologieentwicklung. Um die Zwischenergebnisse in klaren Verantwortlichkeiten, aber ohne Einschränkung der Kreativität zu gestalten, fließen daher Methoden aus SCRUM in DesignAgility ein. Damit das Team von Beginn an in festen Deliverables denkt und arbeitet, verwenden wir Auszüge aus SCRUM als agiles Projektmanagement.

In einem Sprint-Projekt werden die Produktanforderungen im sogenannten *Product Backlog* gefüllt. Für eine gewisse Zeitein-heit wird ein Teil der Anforderun-gen zur Umsetzung geplant (*Sprint Planning*), dieser Teil fließt in das *Sprint Backlog*. Ein-gebettet in unser DesignAgility werden die einzelnen Teams darüber entscheiden, wie sie ihr Product Backlog füllen (Was brauchen wir alles, um unseren Medien-Prototypen herzustel-len?) und in welchen Sprint-Einheiten (Potentially Shippable

• SPRINTS fassen Aufga-benpakete für den Proto-typen zu einer bestimmten Deadline zusammen •

Products) sie dies erarbeiten. Abb. 8 zeigt den typischen Ablauf eines agilen SCRUM-Prozesses. Die Iterationen bieten eine Überarbeitung der Sprint-Einheit, bis zur Auslieferung des jeweiligen Sprint-Teilergebnisses. Der hier gezeigte Daily Sprint – eine Abstimmung darüber, wer was als nächstes bearbeitet innerhalb des Sprints – kann z. B. während eines 16-wöchigen Projekts im kurzen wöchentlichen Austausch (im Unternehmen vor Ort oder via Skype) vereinfacht und transparent für alle kommuniziert werden. Fragen können hier direkt im Team geklärt werden. Das Team entscheidet, wie oft es gemeinsam kommuniziert.

Hilfreiche Projektmanagement- und Arbeits-Tools werden in Kapitel IV vorgestellt. Wichtig ist, dass eine Übereinkunft darüber im Vorfeld getroffen wird und das Team sich an die Vereinbarungen hält. Hierbei wird stets darauf geachtet, dass jedes Sprint-Ergebnis für sich genutzt werden kann. Das Gesamt-Ziel des Medien-Prototypen kann aber erst durch ein Zusammenspiel aller erreicht werden. Hier erfolgt also die geordnete Herangehensweise an die Umsetzung des Prototypen. In allen Phasen, in denen kreativ Ideen und Lösungen

Abb. 8 • *Agiles Projektmanagement in Anwendung
(Quelle: fotolia)*

erarbeitet werden, folgt ein Entscheidungsprozess zur Umsetzung bis zur nächsten Phase. Durch das Backlog gehen keine Elemente verloren, es kann jederzeit ein Rückgriff erfolgen.

(Visuelles) Storytelling

Menschen lieben Geschichten! Visuelles Storytelling lässt abstrakte Daten zu Geschichten werden. Statt einer reinen Aneinanderreihung von Daten oder zeitraubenden langen Präsentationen wird in DesignAgility für die Ergebnisse eine Präsentationsform vorgeschlagen, die zum einen die Nutzer-Perspektive klar hervorhebt und zum anderen dem Publikum die Möglichkeit gibt, Teilergebnisse immer im Gesamtkontext zu verstehen. Dies ist etwas, das nach ein, zwei Übungen den Teilnehmern in Fleisch und Blut übergeht. Sie werden in kürzester Zeit lernen, Ideen direkt als Bilder zu skizzieren und bei der Vorstellung der Ergebnisse diese Bilder in einem Gesamtkontext sprechen lassen. Narrationen helfen, komplexe Inhalte einfach zu erklären. Gleichzeitig ist es wichtig, durch eine Handlungsabfolge Emotionen und Verständnis beim Zuhörer zu erzielen. In DesignAgility werden in vielen Phasen verschiedene Ausprägungen und Vorlagen aus dem Storytelling angewendet.

Dabei empfiehlt DesignAgility, folgende Storytelling-Prinzipien zu berücksichtigen (Anwendungsbeispiele finden sich in den acht Hauptphasen):

- Jede Geschichte benötigt einen guten Anfang, Mittelteil und Ende! Die Einleitung bettet den Kontext ein (Situation, Problem aus Nutzersicht), im Mittelteil werden Details zur Lösung erläutert, das Ende schließt mit einer Kernbotschaft.
- Kenne Dein Publikum! Je nachdem, ob Sie kurz im Team etwas präsentieren, wo jeder den Prozess mitgemacht hat, oder ob Sie vor Ihren Stakeholdern eine Entscheidung einholen möchten, berücksichtigen Sie das Vorwissen Ihres Publikums.
- Nutzen Sie ein Storyboard! Durch standardisierte Vorlagen können Sie je nach Deliverable die Erzählstruktur füllen und das Publikum erhält einen strukturierten Erzählfluss.
- Verwenden Sie leicht verständliche Bilder statt Worte und skizzieren Ihre Ideen!
- Nutzen Sie Elemente aus dem Improvisationstheater – Bauen Sie ihre Story positiv aufeinander auf und nehmen als Anker die zuvor erstellten Bildelemente.

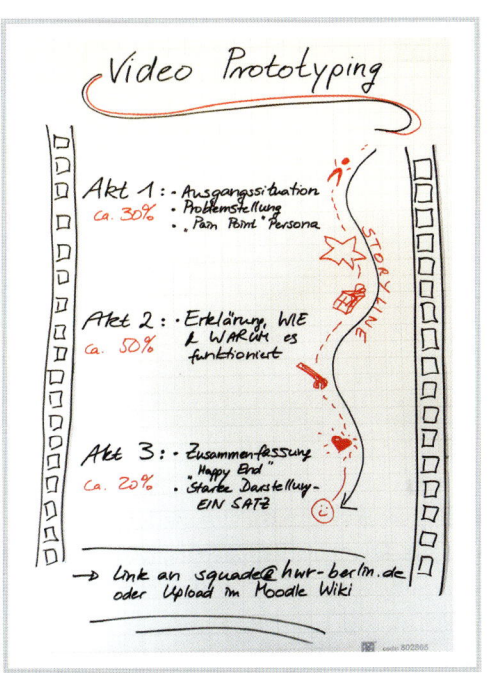

Abb. 9 • *Visuelles Storytelling – links: Bilder statt Worte durch einfache Visualisierungen; rechts: Storyline für einen Video Prototyp (Quelle: iStock; Storyline – eigene Darstellung, S. Quade)*

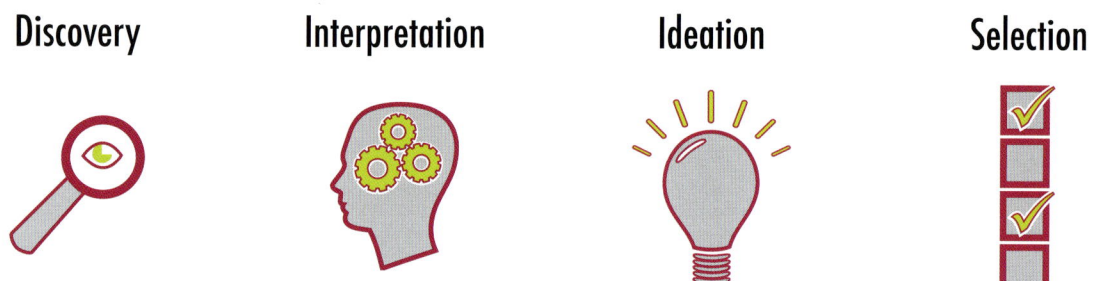

Discovery Interpretation Ideation Selection

Vom Modell zum Prozess – Die acht DesignAgility-Phasen

Im DesignAgility-Prozess fließen Elemente aus den drei Methoden zusammen. Die folgende Doppelseite zeigt die acht Phasen der DesignAgility. Sie werden in diesem Buch in den Kapiteln 1–8 ausführlich beschrieben. Angelehnt an die Begrifflichkeit des Design Thinking verwenden wir englische Bezeichnungen für die einzelnen Phasen. Die Untereinheiten 1–16 vertiefen die Phasen 1 bis 8. Von der Challenge, die Sie

zu Beginn der Discovery-Phase definieren, über die Personas, die Sie als Stellvertreter für Ihre Zielgruppen in der Interpretation skizzieren, bis hin zur ersten Produktvision als Resultat aus der Selection und schlussendlich zu dem Prototypen aus der Implementation, den Sie ausgiebig testen und unter Umständen nachbessern, bevor dieser final im Deployment übergeben wird – all dies wird Schritt für Schritt erklärt. Ein Fallbeispiel führt den Leser als Einstieg durch alle Kapitel, so dass durch die Erzählform die Anwendung von DesignAgility veranschaulicht in einem Praxisfall dargestellt wird. Zu jedem

Specification    Implementation    Evaluation   Deployment

Arbeitsschritt werden Anwendungsbeispiele erläutert. Eine Checkliste am Ende jedes Kapitels gewährleistet den Überblick.

DesignAgility ist ein Methoden-Mix, der für die Medien- und insbesondere die Verlagsbranche adaptiert wurde. Im folgenden Kapitel vertiefen wir den besonderen Bezug zur Medienbranche. DesignAgility erläutert die Spezifika des Mediensektors und verdeutlicht, welche Chancen für Innovationen entstehen, angereichert durch die Anwendungsbeispiele. Damit diese Ansätze noch greifbarer werden, erhalten die Personas aus dem Kapitel »Für wen ist DesignAgility gedacht?«

hier jeweils eine konkrete Innovationsaufgabe. Diese Beispiele sind alltägliche Use Cases aus der Medienbranche, zu denen sich zahlreiche ähnliche Fälle anreihen ließen. Sie stehen stellvertretend für Ihre persönlichen Innovationsaufgaben in Ihrer Organisation. Die acht Phasen der DesignAgility bieten Ihnen einen möglichen Weg von zahlreichen Innovationsmethoden.

Warum eine Adaption für die Medienbranche?

III

»Den Boden für neues Denken, Innovationen und Ziele
zu bereiten, ist auch Aufgabe der Medien.« *Rita Süssmuth*

Medien schaffen kann als gemeinsamer Nenner für den Anwendungsbereich dieses Buches gelten. Wenn DesignAgility speziell auf den Medienbereich zugeschnitten ist, so kann das Tätigkeitsfeld folgendermaßen beschrieben werden: DesignAgility richtet sich an den Mediensektor und alle Personen, die direkt oder indirekt mit medialen Produkten oder Dienstleistungen zu tun haben und in einem der folgenden Bereiche arbeiten:

- Redaktionen
- Werbeagenturen
- Unternehmenskommunikation
- Corporate Publishing
- Self-Publishing
- Buch-, Zeitungs- und Zeitschriftenverlagen

Allen gemeinsam ist der Umstand, dass Innovation auf zwei Ebenen stattfindet: einerseits auf der Ebene der Inhalte (Text, Bild, Audio etc.), andererseits auf der Ebene des Mediums (der Oberfläche), in dem die Inhalte veröffentlicht werden. Sinngemäß kann das Medium hier auch eine Dienstleistung sein, die z. B. Inhalte vermittelt.

Spezifika des Mediensektors

Die Eingrenzung auf den zuvor definierten Medienbereich hat eine weitere wichtige Auswirkung, denn der Mediensektor unterscheidet sich von anderen Branchen durch einige Spezifika, die Innovation und Produktentwicklung erheblich beeinflussen:

- Die Produktangebote können in aller Regel *vollständig digitalisiert* werden (im Gegensatz etwa zur Automobilindustrie, wo die Autos physisch bleiben).
- Neue Endgeräte bzw. Medienformate und die veränderte Mediennutzung (Schlüter *Mediennutzung* 2014) erfordern neben *inhaltlichen* Innovationen auch Innovationen der *Produktform*.

Dieser Innovationsdruck wird durch weitere Umstände verstärkt, die zwar nicht grundsätzlich medienspezifisch sind, aber die Medienbranche derzeit charakterisieren:

- Durch Digitalisierung und Web2.0-Angebote drängen neuartige Anbieter in die Märkte, die zum Teil zu Wettbewerbern werden (für die Verlagsbranche z. B. Self-Publishing-Titel).
- Die Mediennutzungszeit der Konsumenten stößt an natürliche Grenzen; aus der Angebotsbreite entwickelt sich daher ein Verdrängungswettbewerb.
- Professionelle Inhalteanbieter geraten durch kostenlose Online-Inhalte unter Druck (z. B. das Bewegtbildangebot auf YouTube).
- Durch diese kostenlosen Angebote gerät außerdem die Zahlungsbereitschaft der Konsumenten unter Druck: für Online-Inhalte wird bestenfalls im Bereich der Fachinformation bezahlt, im B2C-Bereich praktisch gar nicht; für mobile Applikationen sind meist nur niedrige Preispunkte durchsetzbar.

Innovationen sind daher an sich überlebenswichtig, sie müssen zeitnah zu den Markttrends und ressourcenschonend umgesetzt werden. Deswegen sind Medien-Prototypen im Innovationsmanagement von Medienunternehmen ein Methodenbaustein von strategischer Bedeutung.

Innovation als Chance

Jedoch ist ein permanentes und systematisches Innovationsmanagement in vielen Medienunternehmen keineswegs eine Selbstverständlichkeit. Im Gegensatz zu Industrie- und Technologieunternehmen gibt es oft keine dezidierten Innovationsabteilungen oder einen Bereich *Forschung und Entwicklung*. Dies hat auch damit zu tun, dass mediale oder medientechnische Neuerungen meist von außerhalb angestoßen werden: Hardware bzw. Endgeräte, Readersoftware, Browser oder auch Übertragungsbandbreiten werden in anderen Branchen initiiert und entwickelt. Meist überprüfen die Medienunternehmen dann solche Neuerungen auf ihre Verwendbarkeit und integrieren sie gegebenenfalls. Es wäre durchaus umgekehrt vorstellbar, dass aktiv Anforderungen von Medienunternehmen eingebracht werden, die dann von Technologiefirmen umgesetzt werden: So könnte ein Ratgeberverlag beispielsweise eine Sprachsteuerung für E-Books und Apps anregen, die für Ratgeberthemen eingesetzt wird, bei denen man die Hände oft nicht frei hat (Kochen, Backen, Reparaturen o.ä.).

Noch klingt dies wie Zukunftsmusik, der Weg dorthin ist jedoch nicht weit. Es bedarf vor allem eines Perspektivenwechsels, eines aktiveren und stärker gestaltenden Selbstverständnisses der Medienunternehmen. Gleiches gilt für den direkten Kundenkontakt: In der Vergangenheit oft durch Absatzmittler nicht gegeben, bietet er nun große Chancen. Auch für die Evaluierung von Prototypen ist direkter Kundenkontakt unverzichtbar. Sofern man bei Innovationsinitiativen auch die Frage der Rentabilität im Blick behält, bietet ein proaktives Innovationsmanagement im Endeffekt klare Vorteile. Der wichtigste Ansatzpunkt für Innovationen ist wahrscheinlich die gestaltende Rolle im Markt und die Befreiung aus der Rolle des »Getriebenen«. Wenn man auch nicht immer der Erste sein muss, so sollte man auf jeden Fall so früh damit beginnen, dass man noch Einfluss auf Standards und einen gewissen Entscheidungsspielraum hat. Reaktive Innovationsstrategien sind zunächst ressourcenschonender, aber strategisch riskant und letztlich häufig teurer. »The best way to predict the future is to invent it.« (Alan Kay)

Die Phasen von DesignAgility

Im zweiten Kapitel wurden bereits die Grundlagen des Design Thinking erläutert. DesignAgility setzt auf diese Prinzipien des allgemeinen Design Thinking auf, erweitert und modifiziert diese jedoch, um dem Mediensektor besser gerecht zu werden. So arbeitet DesignAgility mit insgesamt acht Hauptphasen, die dazugehörigen Symbole sind hier chronologisch abgebildet:

• Erweiterung der klassischen 6 auf 8 Hauptphasen •

1. Discovery
2. Interpretation
3. Ideation
4. Selection
5. Specification
6. Implementation
7. Evaluation
8. Deployment

Diese acht Schritte bauen aufeinander auf und sind daher in ihrer Reihenfolge verbindlich. DesignAgility eignet sich durchaus für den Einsatz in vielen anderen Branchen, wodurch aber entsprechen sie dem Mediensektor? Folgende Merkmale sind speziell auf den Mediensektor zugeschnitten:

- Die Divergenz der Zielgruppen parallel zur Konvergenz der Medien macht eine genaue Zielgruppenanalyse unentbehrlich (Discovery).
- Der hohen Dynamik des Marktumfeldes wird durch die Erstellung von Trendszenarien entsprochen (Interpretation).
- Der Abgleich der favorisierten Ideen mit den Trendszenarien stellt den Zielgruppenbezug sicher (Selection).
- Die Erstellung und Evaluierung von Prototypen ermittelt Akzeptanz und Zahlungsbereitschaft mit niedrigen Investitionen (Evaluation).

Gerade eine Branche, die sich gegen neue und agile Wettbewerber behaupten muss, braucht eine solche Methode. Davon profitieren auch die in Kapitel I skizzierten Personas.

Innovationsaufgaben der sechs Personas

- **Christian** kann als Produktmanager in einem Fachverlag seine Zielgruppe ziemlich gut beschreiben. Er muss sich bei seinen Innovationsideen aber strikt an die Medienformate und Endgeräte halten, die seine Kunden im Job verwenden.
- **Florence** betreibt eine permanente Gratwanderung, weil sie einerseits »trendige« Designs entwerfen soll, die andererseits die Marke ihres Auftraggebers möglichst unverwechselbar machen. Ob sie dabei richtig liegt, sagt ihr das Feedback zu ihrem Prototypen.
- Als stellvertretender Chefredakteur möchte **Maximilian** seiner sehr heterogenen Leserschaft kostenpflichtige Serviceideen anbieten. Er wird möglicherweise mehrere Vertriebswege benötigen, um alle Teilzielgruppen zu erreichen.
- Als Corporate-Publishing-Dienstleister muss **Maren** mit ihren Ideen vor allem ihren Auftragge-

• Persona Maren als Fallbeispiel in den 8 Hauptkapiteln •

45

ber überzeugen. Parallel muss das Ergebnis dann auch der externen Zielgruppe gefallen, denn an diesem Erfolg wird sie ebenfalls gemessen. Nach der Freigabe des Konzeptes wird ihr ein Prototyp bei dieser doppelten Aufgabe helfen.

- **Jan** hat in seinem Publikumsverlag ebenfalls eine heterogene Zielgruppe, die zudem im Bereich Kinder- und Jugendbuch in die Leser oder Betrachter und ihre Eltern und Großeltern zerfällt. Was den Kindern gefällt, müssen die Eltern dann auch erlauben – das muss deshalb mit dem Prototypen evaluiert werden.
- **Kim** wiederum möchte DesignAgility gerne in verschiedenen Kundenworkshops und Seminaren einsetzen. Eine Methode, die in der Struktur immer gleich ist, aber an jede Gruppe und jeden Kunden angepasst werden kann, ist dafür ideal.

Die sechs Personas sind das Ergebnis von Seminaren und Workshops der Autoren. Die modellierten Personas gehen jeweils auf Gespräche mit Praktikern aus den jeweiligen Branchensegmenten zurück, dementsprechend stammen auch ihre Innovationsaufgaben aus der Praxis. Die Ziele und der Handlungsdruck sind bei den Personas durchaus unterschiedlich. Gemeinsam ist ihnen aber die Notwendigkeit von Innovation in einem dynamischen Medienumfeld bei heterogenen Zielgruppen.

Die DesignAgility wird in den Kapiteln 1–8 exemplarisch an Marens Projekt im Corporate Publishing erläutert.

IV

Wie starte ich DesignAgility?

»If you're not failing every now and again, it's a sign you're not doing anything very innovative.« Woody Allen

Was Sie brauchen, ist ein Team und ein gemeinsames Ziel! Am Anfang steht die Idee, die Herausforderung (die *Challenge*) und die große Absicht des: »Jetzt machen wir es! Wirklich! Aber wie bloß?« Digitale Transformation, Design Thinking Schools, die großen Verlage fliegen ihre Mitarbeiter ins Silicon Valley. Sicher, das ist bei großen Organisationen machbar und man kann so definitiv eine Menge lernen. Sie können aber auch einfach direkt loslegen und benötigen nur einen Wegweiser.

Für einen direkten Start mit Ihrer DesignAgility-Challenge erhalten Sie in diesem Kapitel pragmatische Umsetzungstipps. Von der Teamzusammenstellung, über die Raumgestaltung und Materialien bis hin zur Anwendung der DesignAgility-Schritte können Sie die Vorschläge direkt aufgreifen und in Ihrem nächsten Innovationsprojekt nutzen. Ob in einem intensiven, kurzen Workshop oder einem extensiven Innovationsprojekt über mehrere Wochen – viele Wege führen zum Ziel und zu Ihrer Zielgruppe!

Mit DesignAgility schaffen Sie eine Grundlage, Medien-Innovationen direkt und einfach auszuprobieren. Sie testen die Innovationen als Prototypen im Markt und verankern eine Kultur des strukturierten Ausprobierens in Ihrem Medienunternehmen.

Was brauche ich für den Start?

Alles, was Sie benötigen für den Start, ist zunächst einmal eine Grundidee davon, in welche Richtung Sie Ihre Medieninnovation kreieren möchten. Gehen Sie also mit einer gemeinsamen Herausforderung zu einem identifizierten Problem an den Start, zu dem Sie eine Lösung suchen. Wählen Sie dazu ein Team von ca. 5–8 Personen, die mit verschiedenem Fachwissen und Ihren jeweiligen Sichtweisen auf den zu erstellenden Medien-Prototypen blicken. Externe Experten werden bei Bedarf zur Beratung hinzugezogen. Wenn Sie das Team zusammenhaben, überlegen Sie, ob Sie ein Budget (z. B. für technische Features im Prototypen) benötigen. Nutzen Sie einen Raum, in dem Sie ihre Arbeitsmaterialien ausbreiten können und kreativ die Schritte der DesignAgility durcharbeiten können.

In den Phasen, in denen Sie mit dem gesamten Team in einem Raum sind, sollten Sie die Zeit zum interaktiven Arbeiten im Raum nutzen. Schere, Stift, Papier, Post-its®, Flipchartpapier & Co – verwenden Sie alles, was Ihr Unternehmen vorrätig hat, um einen ersten einfachen Prototypen zu kreieren. Für vertiefende technische Prototypen-Formen muss bei Bedarf Material (z. B. Software) angeschafft werden.

Drei Variationen eines DesignAgility Ablaufs werden hier beispielhaft vorgestellt. Beantworten Sie zum Start kurz die folgenden Fragen ihrer Ausgangslage:

Ausgangslage:
- WAS möchte ich machen? (Challenge)
- WARUM? (Zweck benennen)
- Mit WEM? (Team)
- WO? (Raum)
- WIE? (Budget?)
- WIE LANGE? (Zeitvorgaben?)

Ziel: Testbarer Prototyp zu Ihrer Challenge

Durchführungsbeispiele – 3 mögliche Wege:
- Intensiv-Training: 1-Day Plug & Play
- Intensiv-Workshop: 3-Day-Workshop
- Extensiv-Workshop: 16 Units, jeweils einmal wöchentlich

Startklar für den Kick-off!

Der Einsatz von DesignAgility als Innovationsmethode zugespitzt für die Medienbranche eignet sich immer dann, wenn Sie Lösungen suchen, um die wachsende Komplexität der Medieninnovationen durch DesignAgility zu reduzieren und eine Innovationskultur zu etablieren.

Die nachfolgende Abbildung 10 (angelehnt an Design Thinking, Pauline Tonhauser 2015) veranschaulicht die drei Kernkomponenten, die für die Durchführung Ihres Medien-Innovations-Projekts unabdingbar sind, angelehnt an Design Thinking Vorgehensweisen: Statt einzelner Experten kommen multidisziplinäre Teams zusammen. Arbeiten Sie in variablen Räumen, statt im Einzelbüro. Räumen Sie alles zur Seite, was nicht zur DesignAgility-Challenge gehört. Nutzen Sie die Wände, arbeiten Sie im Stehen – erst dann kann sich die Kraft des Teams und das freie Denken für neue Ideen entfalten. Nutzen Sie den iterativen Prozess und springen Sie zurück, bis ihr Prototyp die Anforderungen für eine gute Testbarkeit erfüllt. Mit diesen Komponenten sind Sie startklar für den Kick-off!

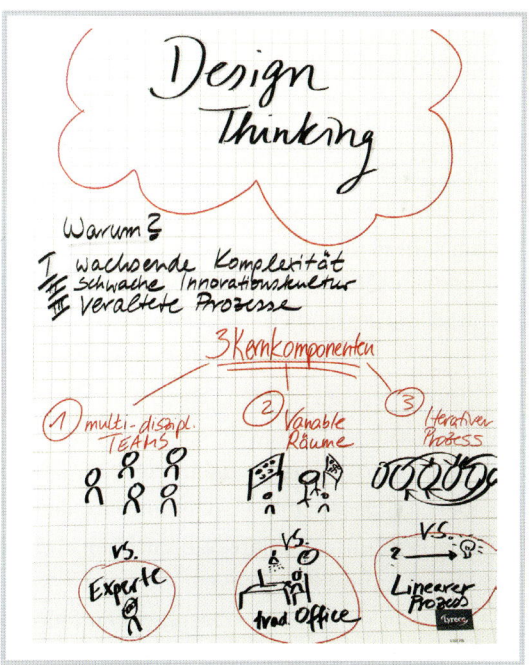

Abb. 10 • *Kernkomponenten Design Thinking*

51

Schnell und klar: 1-Day Plug & Play

Wenn Sie die Denkweise der DesignAgility im Team erproben möchten, nutzen Sie einen intensiven Tag und starten direkt durch.

Warum sollten Sie diese Variante wählen:

- Um einzutauchen in die Denkweise der DesignAgility und die Methode zu erlernen, das Team zusammenzubringen (hier kann zunächst eine Idee und ein fiktiver Kunde gewählt werden, da für die intensive Befragung kaum Zeit sein wird)
- oder um schnell einen sehr einfachen Prototypen zu generieren (z. B. einfach einen schnellen Paper-Mock-up zu erstellen mithilfe des strukturierten DesignAgility-Prozesses)
- oder um einen bereits bestehenden Prototypen in einer 1-Tages-Iteration intensiv zu überarbeiten und dabei nur Teile der DesignAgility-Phasen zu durchlaufen

Vorbereitung: Nutzen Sie einen hellen, gemütlichen Raum. Räumen Sie alles beiseite, was nicht für die DesignAgility Session benötigt wird. Schaffen Sie eine angenehme Arbeitsatmosphäre und sorgen Sie für Getränke und Snacks.

Ablauf – Session Flow:

9:00–10:30 Discovery & Interpretation
10:30–12:00 Ideation & Selection
PAUSE
13:00–15:00 Specification & Implementation
15:00–17:00 Evaluation & Deployment
17:00–18:00 Intensive Reflexion »Was lief gut, was nicht?«

Vorteile:

- Geringe Kosten
- Training, um die Methode DesignAgility zu erlernen

Nachteile:

- Die Recherchen und Kundenbefragungen sind nur sehr eingeschränkt möglich, Gefahr nur aus der eigenen Sichtweise zu agieren

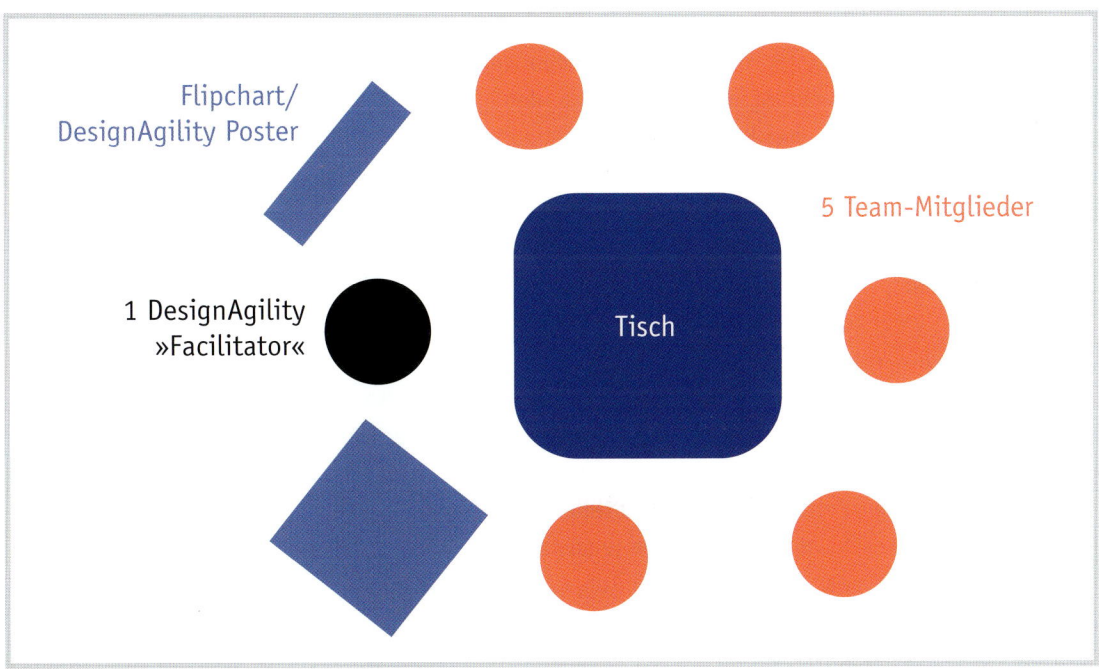

Abb. 11 • *DesignAgility: Beispiel für Raumvorbereitung*

Intensiv: 3-Day-Workshop

Wenn Sie direkt verwertbare Ergebnisse aus dem DesignAgility-Prototypen-Projekt erzielen möchten, nutzen Sie drei Workshop-Tage und planen intensive Zeiteinheiten für die Kundenbeobachtung und Evaluierung.

Warum sollten Sie diese Variante wählen:

- Um die Denkweise der DesignAgility genau kennenzulernen und alle Phasen im Detail anzuwenden (Stellen Sie vorab sicher, Zugang zur Zielgruppe und zu den Daten über die Zielgruppe zu haben, damit Sie den Prototypen passgenau testen können)
- oder um in kurzer Zeit einen erprobten Prototypen zu generieren (z. B. um dann direkt im Anschluss über die Weiterführung in ein Umsetzungsprojekt oder einen weiteren Prototypen zu entscheiden)
- oder um einen bereits bestehenden Papier-Prototypen in einer 3-Tages-Iteration intensiv mit technischen Features zu überarbeiten

Vorbereitung: Planen Sie die DesignAgility-Tage mit jeweils 6–7 Stunden Workshopzeit plus Pausen. Buchen Sie einen Arbeitsraum, der 3 Tage lang für nichts anderes genutzt wird.

Ablauf – Session-Flow:
Tag 1: Discovery & Interpretation & Ideation
Tag 2: Selection & Specification & Implementation
Tag 3: Evaluation & Deployment

Vorteile:

- In kurzer Zeit verwertbare Ergebnisse = Prototypen
- DesignAgility-Denken wird im Team verinnerlicht

Nachteile:
Die Teammitglieder müssen für drei Tage komplett aus anderen Aufgaben herausgezogen werden.

- Die Kundenrecherche und Evaluierung erfordert ggf. Ortswechsel, die bei der Planung berücksichtigt werden müssen.

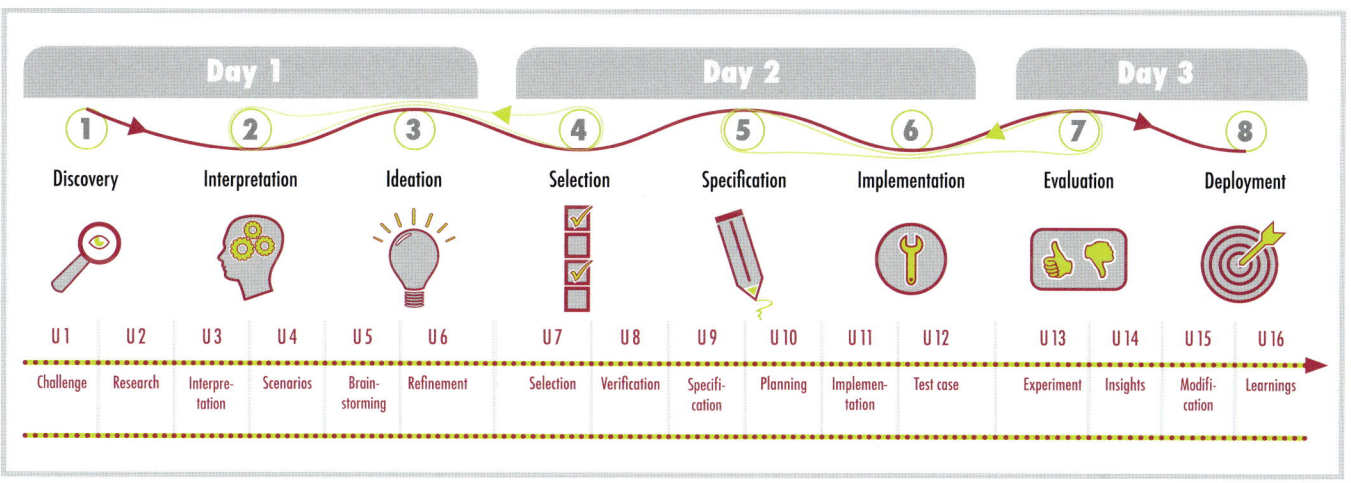

Abb. 12 • *Ablauf eines 3-Tages-Workshops*

Extensiv: wöchentliche Workshops

Wenn Sie ein Innovationsprojekt mit DesignAgility kontinuierlich erarbeiten möchten, eignet sich die Durchführung von wöchentlichen, z. B. halbtägigen, Workshops, die mit Vor- und Nachbereitungen durch einzelne Teammitglieder angereichert werden können.

Warum sollten Sie diese Variante wählen:
- Um eine DesignAgility Kultur im Unternehmen zu verankern und alle Units der Hauptphasen einzeln zu bearbeiten.
- Oder um über einen längeren Zeitraum einen Prototypen zu generieren, der neue Erkenntnisse in den Zwischenzeiten stets aktuell berücksichtigt.
- Oder um einen Prozess zu starten, bei dem das Team die Zwischenzeiten nutzt, um die Expertise oder den Rat von Kollegen oder externen Fachleuten einzuholen.

Vorbereitung: Legen Sie einen festen Tag als DesignAgility-Tag im Team fest. Nutzen Sie dafür einen Raum, in dem Sie flexibel die Ergebnisse aus den einzelnen Phasen stets aufbauen können. Dokumentieren Sie per Fotoprotokoll und richten Sie einen virtuellen Arbeitsraum und ein Projektmanagement-Tool für den Austausch zwischen den Workshop-Sitzungen ein.

Ablauf – Session-Flow einer wöchentlichen Workshop-Unit:
Intro – kurze Wiederholung und Update zur letzten Unit
Unit – Durchführung einer U-Einheit
Projektplanung – Verteilung von To-Do's
Reflexion – Rückblick und abwägen der nächsten Unit

Vorteile:
- kontinuierliches Innovationsmanagement, Einübung einer DesignAgility-Kultur
- flexibles Zeitmanagement und Erreichbarkeit der Zielgruppe

Nachteile:
- Hohe Abstimmung im Team erforderlich

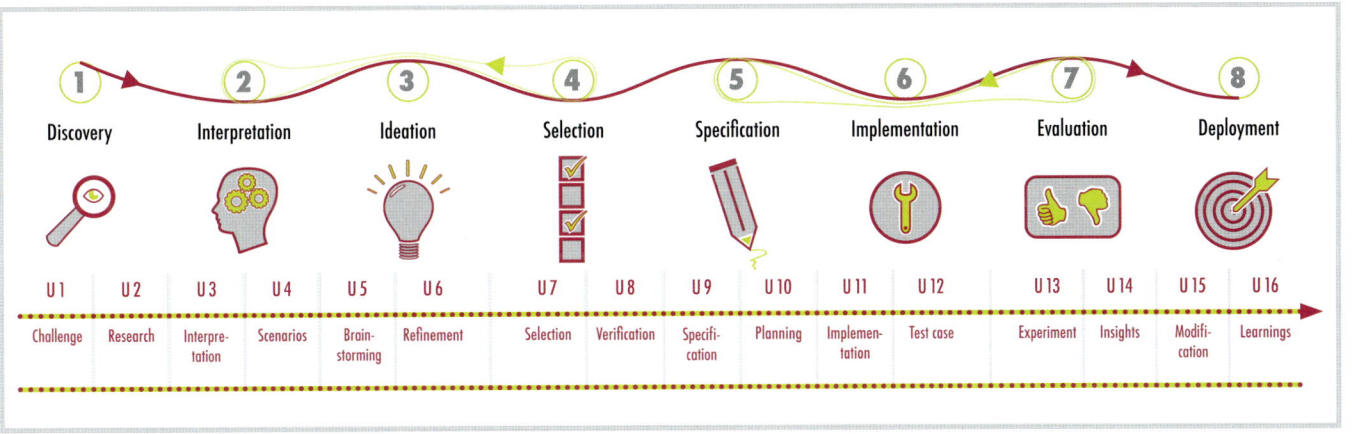

Abb. 13 • *Ablauf eines extensiven DesignAgility-Trainings über mehrere Wochen – 8 Phasen in 16 Schritten (Units)*

DesignAgility im Einsatz

Die vorgestellten Möglichkeiten zur Durchführung der Trainings und Workshops sind Beispiele. Wenn Sie vertraut sind in der Anwendung der einzelnen Phasen und Schritte der DesignAgility, können Sie leichter variieren, einzelne Schritte verkürzen, um ergänzende Methoden anreichern oder für Ihre speziellen Anforderungen in Ihrem Medienunternehmen adaptieren.

DesignAgility fördert den gemeinschaftlichen Ideenbesitz und stärkt die Motivation im Team. Durch die gemeinsame Beteiligung an allen Abläufen werden die Teams aktiv voneinander lernen. Sie verlagern Ihr Denken vom Problem hin zur Lösung aus Kundensicht in dem Innovationsprojekt. Mit der Vorgehensweise nach DesignAgility treffen Sie für Ihr Medienunternehmen eine strategische Entscheidung, von Beginn des Entwicklungsprozesses an neue Ideen zu generieren, statt Bestehendes nur neu zu ummanteln.

Wie geht es jetzt weiter?

Im Anschluss an dieses Kapitel werden wir Sie Schritt für Schritt durch die acht DesignAgility-Phasen führen. Dort werden alle Schritte der DesignAgility (Prozessmodell) ausführlich erklärt. Passende Aktivitäten und weiterführende Links werden zu jedem Schritt (Unit) angeboten. Auf den nächsten Seiten werden daher die Hauptphasen in den Kapiteln 1 bis 8 erklärt, die sich in 16 Einheiten/Units (U1–U16)

• DesignAgility führt Sie Schritt für Schritt zur Medieninnovation •

gliedern. Die Einheiten können je Hauptphase in einzelnen Schritten oder zusammenfassend gewählt werden. Als Workshop-Facilitator können Sie es steuern, ob alle Phasen in einem Durchlauf oder über mehrere Wochen verteilt im Unternehmen oder in einem 3-Tages-Intensiv-Workshop anzuwenden sind.

DesignAgility im Einsatz: Use Case

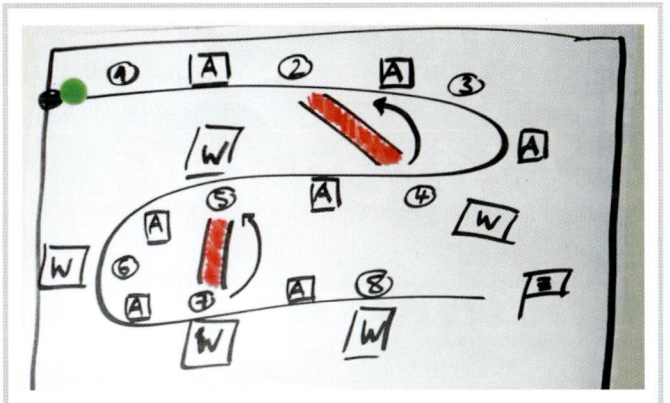

Abb. 14 • *Beispiel DesignAgility Prototyp zum Thema: Gamification von bestehendem Content (Print, Cross-Media, Digital):*
links – erste Ideen-Skizze des Spiel-Ablaufs; rechts – prototypische Umsetzung der DesignAgility als Spiel

59

Discovery: Ziele klären und Daten sammeln

1

»Wissen nennen wir den kleinen Teil der Unwissenheit, den wir geordnet haben!« R. W. Emerson

Die erste Phase der DesignAgility heißt nicht umsonst *Discovery*: Sie stellt eine Entdeckungsreise dar. Den Anfang bilden die *Challenge* als identifizierte Herausforderung und die Ziele des Innovationsprojektes – sie stellen einen Fixpunkt und Maßstab während des gesamten Projektes dar. Da partielles Wissen über Wissenslücken hinwegtäuschen kann, werden in der Discovery unabhängig vom Vorwissen alle relevanten Fragen gestellt, die für eine erfolgreiche Innovation wichtig sind.

Um die Challenge des Projektes genau zu verstehen, werden zu folgenden Aspekten Daten gesammelt:

- Worin besteht die Challenge und was sind Indikatoren für den Erfolg?
- Was müssen wir über die Zielgruppe wissen?
- Wie lassen sich Markt, Marktumfeld und Wettbewerber beschreiben?

Die in der Discovery erhobenen Daten werden in der zweiten Phase der *Interpretation* ausgewertet und durch Szenarien auch für die Zukunft fortgeschrieben.

1.1 Case-Study: Was genau braucht mein Kunde?

Maren hat als Projektleiterin einen neuen Auftrag für ihre Corporate-Publishing-Agentur akquiriert: Ein Self-Publishing-Dienstleister hat die Erstellung einer Imagebroschüre beschlossen und Marens Firma damit beauftragt. Maren stellt ein gemischtes Team zusammen, bestehend aus der Marketingleiterin und einem Vorstandsassistenten des Kunden und zwei ihrer Kollegen: einer Grafikdesignerin und einem technischen Produktioner. Als Ausgangspunkt wird die Challenge definiert, um das Handlungsfeld einzugrenzen.

In der Phase der Discovery analysiert das Team zunächst die beiden Zielgruppen des Dienstleisters: Wie groß sind sie jeweils, welchen Bedarf haben sie? Anhand zweier Studien wird schnell klar, dass der Bedarf der beiden Gruppen sehr unterschiedlich ist. Bei den B2C-Kunden handelt es sich um Autoren und Autorinnen, die keinen Verlag gefunden haben oder ohne Verlag publizieren wollen. Die B2B-Zielgruppe stellen Verlage dar, die einzelne Exemplare aus ihrem Programm

on demand drucken lassen wollen. Maren arbeitet anhand der Daten in den Studien Kundentypen für das B2B- und B2C-Segment heraus. Um die Zielgruppe besser zu verstehen und weil sich die Angebote der Wettbewerber ähneln, beschließt das Team, Interviews mit ausgewählten Repräsentanten der Zielgruppe zu führen. Die Auswahl der Gesprächspartner kommt ihnen zunächst wie ein Henne-Ei-Problem vor: Wählen sie diese gemäß der Studien aus, kann man deren Ergebnisse dadurch nicht überprüfen. Wählen sie die Interviewpartner ohne Berücksichtigung der Studie aus, ist die Repräsentativität gefährdet. Maren beschließt, Repräsentanten der wichtigsten in der Studie beschriebenen Kundentypen auszuwählen und diese qualitativ zu befragen, also nach ihrem Bedarf und ihren Entscheidungskriterien. Besonders interessiert das Team dabei die Frage, welche Alternativen die Kunden anstelle eines Print on Demand bzw. Self Publishing Dienstleisters sonst hätten. Maren erstellt Gesprächsleitfäden und achtet darauf, dass sich die Fragen weniger auf die derzeitigen Angebote beziehen, sondern auf die Bedürfnisse der Endkunden. Nur so kann die Imagebroschüre besser werden als die vorherigen.

1.2 Discovery – Warum diese Phase?

Da Design Thinking grundsätzlich von den Adressaten aus denkt, ist es unerlässlich, deren Charakteristika und Präferenzen sowie ihren Leidensdruck zu kennen und zu verstehen. So wird ermittelt, was die Zielgruppe in der Ausgangssituation als unbefriedigend empfindet und was eine erfolgreiche Innovation auszeichnen würde.

• Was muss ich wissen, um wie meine Zielgruppe denken zu können? •

Parallel sind selbstverständlich die Angebote von Markt und Wettbewerb relevant, denn neben ihnen muss die zu entwickelnde Lösung ja bestehen.

In der Phase der Discovery ist es entscheidend, zunächst alle für die Challenge relevanten Aspekte zu ermitteln, um diese konkret benennen und eingrenzen zu können. Dahinter steht die Frage, wie man bestehende Lösungen im Kundennutzen übertreffen kann. Insbesondere in etablierten Märkten gelingt dies kaum durch Imitation oder inkrementelle Innovationen, sondern durch neuartige Lösungen.

Die Discovery ist wichtig, weil Sie hier …

- … durch die Challenge einen klaren Fokus für Ihr Projekt bekommen.
- … die relevanten Stakeholder involvieren und zu Mitstreitern machen.
- … relevante Teilzielgruppen definieren.
- … aus der Masse von Sekundärdaten die wichtigen herausfiltern und eine eigene Erhebung konzipieren.

1.3 Wie? Schritte in der Discovery

- Challenge (U1)
- Research (U2)

1

1.3.1 Challenge benennen und Ziele definieren (U1)

Vorbereitung: Input relevanter Stakeholder
Bei der U1 sollte neben dem abteilungsübergreifenden Team auch der Auftraggeber selbst mitwirken, damit die Challenge als Grundlage und Mandat von allen vorbehaltlos mitgetragen wird.

Fragen zur Eingrenzung der Challenge:
1. Welche Unzufriedenheit oder welcher Bedarf ist uns bei unseren Kunden bekannt?
2. In welchen Situationen wird dieser Bedarf spürbar?
3. Wodurch kann unser Angebot einen einzigartigen Kundenutzen stiften?
4. Welche Rahmenbedingungen oder welche Einschränkungen müssen wir beachten?

Die Challenge einer Medieninnovation sollte möglichst klar und ohne diffuse Buzzwords formuliert sein, sie darf noch keinen Lösungsweg vorgeben oder suggerieren. Häufig ist sie als Frage formuliert: »Wie können wir ...?«

So viel Zeit sollten Sie einplanen:
Etwa 2 Stunden in einer Runde mit projekterfahrenen Teilnehmern. Wie immer spart eine gute Vorbereitung Besprechungszeit, die aufgelisteten Fragen sollten daher vorher kommuniziert werden.

Das brauchen Sie für die Durchführung:
Ein gemischtes Team, das alle relevanten Perspektiven einbringt: Mitarbeiter mit direktem Kundenkontakt aus verschiedenen Abteilungen, evtl. auch Partner, Händler oder Dienstleister.

Das kann passieren und so können Sie reagieren:
- Wenn Einschränkungen zu Denkblockaden führen: Klammern Sie die Einschränkungen zunächst aus.
- Wenn Einzelne die Runde dominieren: Alle notieren Challenges auf Karten, die diskutiert werden.
- Wenn die Challenges zu marginal sind: mutiges, ambitioniertes Denken einfordern.

1.3.2 Anwendungsbeispiel: Challenge benennen

Welche Unzufriedenheit oder welcher Bedarf ist uns bei unseren Kunden bekannt?

Ablauf:

1. Was sind die wichtigsten Probleme oder Bedürfnisse auf Kundenseite?
2. Werten Sie Reklamationen und Beschwerden aus: Welche Themen oder Aspekte treten gehäuft auf?
3. Lassen Sie aktuelle Trends und Neuerungen im Marktumfeld auf sich wirken: Welcher neuartige Kundenutzen könnte damit greifbar werden?
4. In welchen benachbarten Marktsegmenten könnten Sie eventuell neuartige Lösungen anbieten (Innovation/Diversifikation)?

Die Antworten auf diese Frage führen zu möglichen Herausforderungen, die zur Grundlage der Challenge im DesignAgility-Projekt werden könnten.

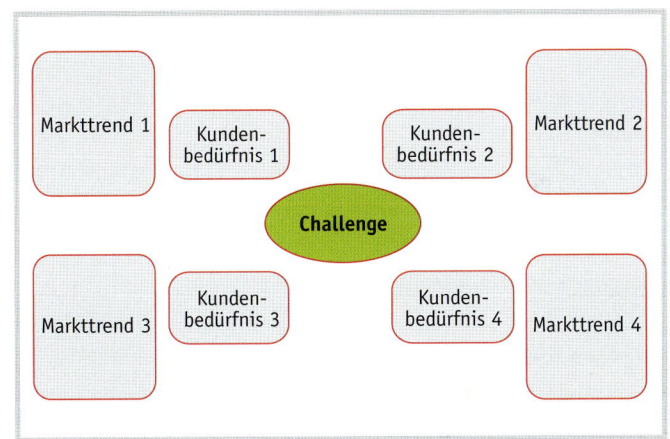

Abb. 15 • *Die Determinanten der Challenge: Markttrends und Kundenbedürfnisse*

1.3.3 Research – relevante Daten sammeln (U2)

Die notwendigen Recherchen werden vom Team selbst durchgeführt. Dabei sind die definierte Challenge und ihre Ziele wichtige Orientierungspunkte. Neben der Filterung relevanter Informationen aus den Sekundärdaten (z. B. Studien) ist die Erhebung eigener Daten etwa durch Interviews oder Umfragen und eine klare Fragestellung wichtig.

Vorgehen bzw. Leitfragen bei den Recherchen:

- In welche Untergruppen lässt sich die *Zielgruppe* unterteilen? Welche repräsentativen Personen kann ich interviewen und/oder beobachten?
- Was sind neben typischen *Marktdaten* wie Wettbewerbsprodukten und deren Absätze/Umsätze relevante Trends im Marktumfeld (Technologien, Gesetze o. ä.)?
- Als *Wettbewerber* sind wie erläutert nicht nur die Anbieter der o. g. Marktleistungen zu recherchieren, sondern ebenso alternative Lösungsangebote.

So viel Zeit sollten Sie einplanen:

Für typische Challenges werden in extensiven Innovationsprojekten in der Summe etwa drei Personentage benötigt, die man natürlich ganz unterschiedlich verteilen kann, bei kürzeren Projekten entsprechend weniger.

Das brauchen Sie für die Durchführung:

Neben der zeitlichen Ressource muss evtl. Budget für den Erwerb von Studien o. ä. verfügbar sein. Die Teammitglieder müssen Zugang zu den vorhandenen Kundendaten bekommen. Geeignete Interviewpartner können aus den Bestandskunden oder über Partner bzw. Händler rekrutiert werden.

Das kann passieren und so können Sie reagieren:

- Sammeln großer Datenmengen ohne Relevanz: Challenge als Filterkriterium verwenden.
- Mangel an Interviewpartnern: über informelle Netzwerke suchen, aber Repräsentativität im Blick behalten.

1.3.4 Anwendungsbeispiel: Analyse der Zielgruppe

Häufig haben wir es mit einer heterogenen Zielgruppe zu tun, bei der man dann besser konkrete Teilzielgruppen trennt. Nur so werden die recherchierten Aussagen stimmig und präzise. Folgende Vorgehensweise hat sich dabei bewährt:

1. Ungestütztes Brainstorming: Für wen könnte die betreffende Challenge relevant sein? Wer hat dieses Problem, für das wir eine Lösung suchen?
2. Auswertung der verfügbaren Sekundärdaten: Welche Untersuchungen, Studien o. ä. sind verfügbar?
3. Synthese der Auswertung und der Brainstorming-Ergebnisse: Benennung von Teilzielgruppen
4. Was bietet der Markt bzw. Wettbewerb dazu an?
5. Wen kann ich zur Challenge befragen, um Erfahrungen und Anforderungen, aber auch die Kaufkraft zu recherchieren?

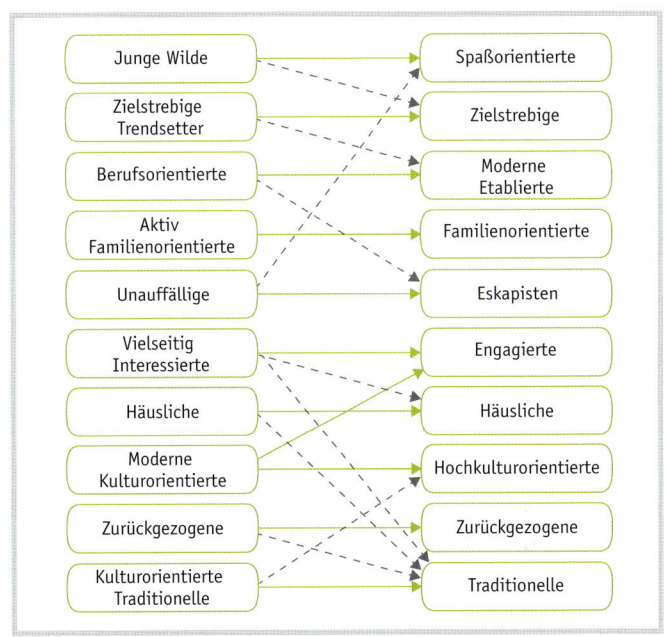

Abb. 16 • *Beispiel für die Bildung von Teilzielgruppen: Übergang von der MedienNutzerTypologie (MNT) 2.0 zur MNT 2015 (Quelle: Media Perspektiven 11/2015, S. 502)*

1.4 Blick zurück nach vorn

Am Ende der Discovery hat man meist eine reichhaltige Sammlung von Daten zusammengetragen: statistische Daten, eigene Annahmen, Interviewergebnisse, Beobachtungen, Expertenaussagen und dergleichen mehr. Ihren Beitrag zur Challenge und zum späteren Prototypen erkennt man nicht immer sofort.

Aus manchen Daten oder Antworten ergeben sich weitere Fragen, denen man dann sofort nachgeht. Ansonsten geschieht die Auswertung in der zweiten Phase, die deswegen den Namen *Interpretation* trägt.

Auch wenn die Recherchen in der Discovery arbeitsteilig im Projektteam durchgeführt wurden, müssen die Ergebnisse allen bekannt sein. Andernfalls bilden sich Wissensinseln heraus, die jeweiligen »Insulaner« sind dann aber immer nur zu einem oder wenigen Aspekten kompetent.

Wichtig ist ebenfalls, sich blinde Flecken bewusst zu machen, also Aspekte oder Fragen, zu denen man (noch) keine Daten oder Antworten erhalten hat.

Das soll bei der Discovery herauskommen:

- Auswertung von Studien zum Thema der Challenge
- Anhaltspunkte für Kundentypen (→ Persona)
- selbst erhobene Daten zur Zielgruppe

Checkliste!

Die **Discovery** ist fertig, wenn ...

- ✓ ... Sie ein gemischtes Team mit relevanten Kompetenzen gebildet haben
- ✓ ... Sie die relevanten Stakeholder einbezogen haben
- ✓ ... Sie eine klare Challenge formuliert haben
- ✓ ... trennscharfe Teilzielgruppen definiert wurden
- ✓ ... verfügbare Studien oder andere Sekundärdaten besorgt wurden
- ✓ ... Sie eine komplementäre Stichprobe an Gesprächspartnern für Zielgruppeninterviews zusammengestellt haben

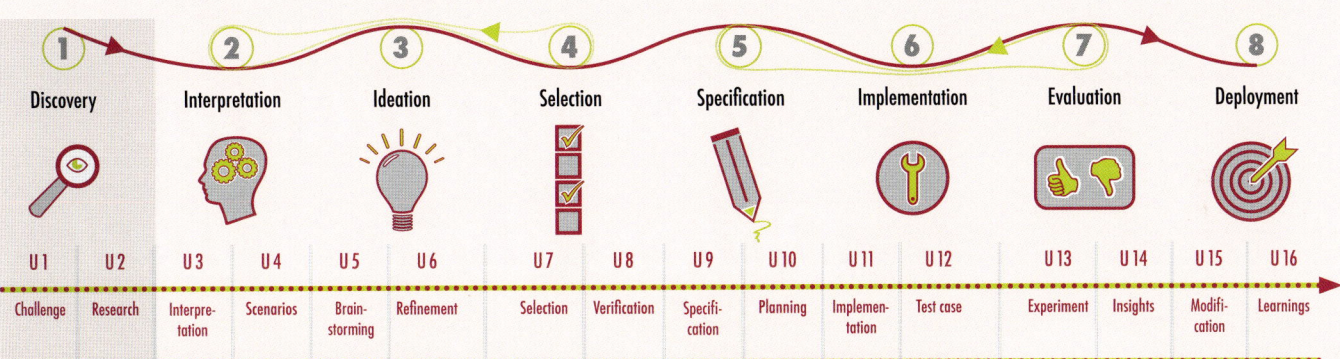

1		2		3		4		5		6		7		8	
Discovery		**Interpretation**		**Ideation**		**Selection**		**Specification**		**Implementation**		**Evaluation**		**Deployment**	
U 1	U 2	U 3	U 4	U 5	U 6	U 7	U 8	U 9	U 10	U 11	U 12	U 13	U 14	U 15	U 16
Challenge	Research	Interpre-tation	Scenarios	Brain-storming	Refinement	Selection	Verification	Specifi-cation	Planning	Implemen-tation	Test case	Experiment	Insights	Modifi-cation	Learnings

1

2

Interpretation:
Daten deuten und
Trends aufspüren

»The price of light is less than the cost of darkness.«
Arthur C. Nielsen, Market Researcher & Founder of ACNielsen

In der *Interpretation* werden die Daten aus der Discovery betrachtet, zusammengefasst und bewertet. Dies bildet den Rahmen aus Kundenwunsch, Machbarkeit und Rentabilität für die Medieninnovation. Die ersten reinen Daten werden nun interpretiert und es wird geschaut, für WEN und in welchem UMFELD die Innovation erschaffen wird.

Um die Situation unserer Zielgruppe genau zu verstehen, werden daher in der Interpretation die folgenden Fragen beantwortet:

- Wer wird das Medienprodukt nutzen? (Personas definieren)
- Welche Bedürfnisse und Erwartungen haben die Personas?
- Wo genau ist die Komplikation, der Pain Point?
- Wie wird das Problem im Moment gelöst?
- Welchen Trends ist meine Persona ausgesetzt?

Die Ergebnisse aus Discovery (1) und Interpretation (2) bilden eine wichtige Grundlage zur klaren Eingrenzung der Challenge im DesignAgility-Prozess. Die Personas werden bei allen folgenden Schritten immer wieder »mit an den Tisch gesetzt« und die Zwischenergebnisse auf die Bedürfnisse der Personas und das Trendszenario hin überprüft.

2.1 Case-Study: Wie interpretiere ich die Anforderungen?

Maren ruft ihren Kunden an und verabredet ein Teamtreffen, um die Ergebnisse aus der Discovery-Phase nun in der Interpretation zu verdichten. Sie weiß, dass es beim Arbeiten nach der DesignAgility-Methode ganz wichtig ist, das richtige Team zur Schaffung des Medienproduktes zusammenzusetzen, das kreativ und kompetent bei der Umsetzung der DesignAgility sein soll. Daher verabredet sie mit dem Kunden einen Kick-off-Workshop mit einem erweiterten Team, den sie organisiert. Gemeinsam mit ihrem Auftraggeber überlegt sie, welche Kompetenzen für die Umsetzung des DesignAgility-Projekts wichtig sind und welcher erweiterte Personenkreis dafür zur Verfügung steht. Jede Perspektive aller Projektbeteiligten sollte von Beginn an berücksichtigt werden. Bei Bedarf werden externe Experten hinzugezogen. Der Workshop startet und Maren stellt die Daten, die aus den Interviews und Recherchen entstanden sind, vor. Gemeinsam beginnt das Team, die Daten zu gewichten und Relevantes von Irrelevantem

zu trennen. Der wichtigste Aspekt in der DesignAgility ist das Denken aus Nutzerperspektive. Um den Nutzer greifbar zu machen, schlägt Maren vor, stellvertretend für alle Teil-Zielgruppen jeweils eine Persona zu skizzieren. Wie ist die aktuelle Situation der Persona? Welche Erwartungen hat sie, was denkt und fühlt sie? Wo drückt der Schuh, welche Bedürfnisse hat die Persona? Wie löst sie dieses Bedürfnis im Moment? Der Erste aus dem Team greift zum Stift und skizziert die erste Persona. Das Team diskutiert, ergänzt, überprüft. Das »Comiczeichnen« wird zuerst belächelt, doch jetzt wird klar, dass die Produktlösung viel greifbarer wird, wenn man bildlich sieht, für wen man was entwickelt. Neben jeder Figur steht ein Name mit einer Kernaussage – dem Hauptbedürfnis. Maren fasst noch einmal zusammen, dass diese Personas von nun an alle DesignAgility-Schritte begleiten und sie nun immer mit »am Tisch sitzen werden«. Das Team ist diese Art der Herangehensweise nicht gewöhnt, erkennt aber sehr schnell die Vorteile. Das visuelle Storytelling belebt die Ergebnis-Präsentation und reduziert den komplexen Inhalt auf das Wesentliche.

2.2 Interpretation – Warum diese Phase?

In der Interpretation-Phase erstellen wir aufbauend auf den in der Discovery-Phase recherchierten Daten und identifizierten Teil-Zielgruppen systematisch die sogenannten *Personas* und erfassen damit deren Erwartungen und die aktuelle Situation, in der sie sich befinden. Die Bedürfnisse werden im Kern erfasst und die Hauptanforderung für die Medieninnovation formuliert. Um zu verstehen, in welchem Innovationsumfeld sich die Personas bewegen, wenn das Produkt oder der Service sich im Markt befinden, wird hierzu der Markt beleuchtet. Im weiteren Verlauf des DesignAgility-Prozesses werden diese Ergebnisse immer wieder herangezogen, um die einzelnen Zwischenergebnisse zu überprüfen. Diese Nutzer-Perspektive ist entscheidend – wenn diese nicht klar formuliert werden kann, gehen Sie noch einmal zurück in die Discovery-Phase, um das Thema genauer zu recherchieren und Ihre Persona genauer zu beschreiben.

Die Interpretation ist wichtig, weil ...

- ... Sie hier die gesammelten Daten aus der Discovery in ihren Zusammenhängen deuten.
- ... die Personas mit ihren Kern-Nutzeranforderungen für alle weiteren Phasen definiert werden.
- ... Sie das Marktumfeld näher betrachten.
- ... hier die Trendszenarien gebildet werden.

2.3 Wie? Schritte in der Interpretation

- Interpretation (U3)
- Trendszenarien (U4)

2.3.1 Interpretation: Personas skizzieren und Nutzeranforderungen formulieren (U3)

Vorbereitung:
- Challenge bereit halten
- erhobene Daten
- definierte Teilzielgruppen

Ablauf:
1. Überlegen Sie, wie viele Personas Sie erstellen müssen, um die Teilzielgruppen mit je einem Stellvertreter abzudecken.
2. Nehmen Sie die Daten aus der Discovery und gehen nun auf die Empathie-Ebene, um aus der anonymen Masse der Zielgruppe greifbare Menschen mit Bedürfnissen und Erwartungen zu skizzieren.
3. Skizzieren Sie eine Persona und fügen ihr beschreibende Merkmale hinzu.
4. Formulieren Sie eine Kernaussage zu der Persona als Hauptbedürfnis.

So viel Zeit sollten Sie einplanen:
Ca. 2 Stunden

Das brauchen Sie für die Durchführung:
Flipchart und Stifte

Das kann passieren und so können Sie reagieren:
Sind die Personas zu einfach und könnten auf jede x-beliebige Person passen als auf einen typischen Repräsentanten der Zielgruppe, dann bitten Sie eine Person aus dem Team, in die Rolle der Persona zu schlüpfen und nach Storytelling-Prinzipien zu erzählen. Sie werden dabei merken, wo Sie noch konkreter werden müssen. Besprechen Sie im Team, ob die Formulierung der Kernanforderung zu der jeweiligen Persona passt.

2.3.2 Anwendungsbeispiel: Persona definieren

In dieser Phase erstellen Sie typischerweise die Persona auf einem Flip-chart-Papier. Nehmen Sie sich Zettel und Stift und die recherchierten Daten aus der Discovery. Wer ist Ihre Ziel-gruppe und wie können Sie aufgrund Ihrer Recherche eine (so viel wie nötig, so wenig wie möglich) typische Person, die ihr zu-künftiges Medienprodukt nutzen wird, be-schreiben?

• Beschreiben Sie mit einer Kernaussage das Haupt-bedürfnis Ihrer Persona •

1. Skizzieren Sie Ihre Persona. Geben Sie ihr Name, Alter, Hobby, Be-ruf etc. (Merkmalsausprägungen).
2. Tauchen Sie in die Empathie-Ebene ein: Was denkt, fühlt, sieht die Persona? Wie handelt Sie? Was ist ihr wichtig? Was nervt sie besonders?
3. Versuchen Sie in einem Satz, um die Kern-Nutzeranforderung zu beschreiben, WARUM diese Persona Ihr Medien-Produkt braucht (»Als ›Persona X‹ brauche ich ›Medienprodukt Y‹, um ›konkreter Nutzen Z‹«).

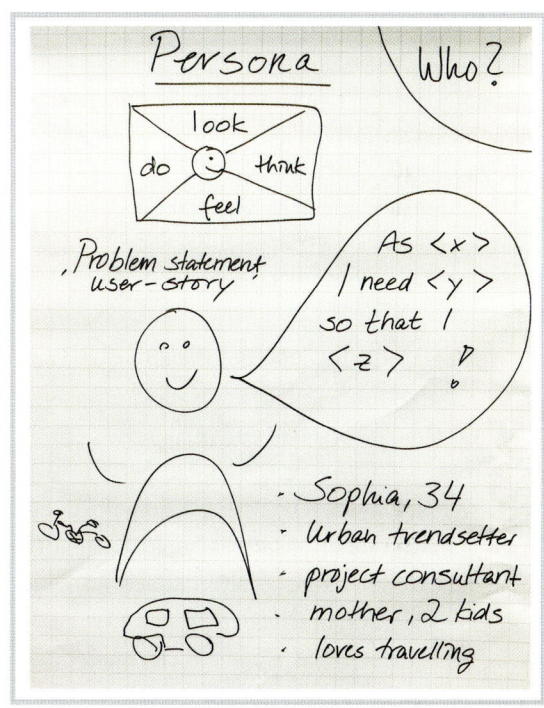

Abb. 17 • *Persona Skizze*

2.3.3 Trendszenarien und Marktumfeld identifizieren (U4)

Vorbereitung:

- Personas
- Marktdaten aus Discovery
- relevante Technologietrends

Ablauf:

Im zweiten Schritt werden Szenarien entwickelt, die Technologie-, Markt- und Wettbewerbsentwicklungen berücksichtigen, auf die die Persona treffen könnte.

1. Werfen wir einen Blick in die Zukunft: In welchem Marktumfeld werden unsere Personas auf die Medieninnovation treffen? Welche alternativen Anbieter müssen wir berücksichtigen (Nennen Sie die TOP 3)?
2. Identifizieren Sie mögliche (technologische) Zukunftstrends. Entwickeln Sie Szenarien und beschreiben Sie den Verlauf des Medien-Produkts in diesem Trend.

So viel Zeit sollten Sie einplanen:

1 Stunde (mit vorhandenen Daten aus der Discovery)

Das brauchen Sie für die Durchführung:

Flipchart und Stifte

Das kann passieren und so können Sie reagieren:

Das Marktumfeld kann schwer überblickt werden und/oder bei den Trends entstehen verschiedene Meinungen. Recherchieren Sie zu den Marktdaten nach und bitten Sie das Team, die verschiedenen Trends einmal aus Sicht der Persona zu beschreiben. Die kollaborative Zusammenarbeit im Team zeigt auch hier, wie wichtig es ist, alle Perspektiven einfließen zu lassen. Jemand aus der IT wird Trendszenarien anders bewerten als jemand aus dem Marketing. Die Absprachen im Team und gemeinsame Beschlüsse der Ergebnisse sorgen dafür, dass bei späteren Überprüfungen des Medienprototypen mit »echten Kunden« ALLE Beteiligten auf dieser übereinstimmenden Basis aufbauen können.

2.3.4 Anwendungsbeispiel: Trendszenario

Bei digitalen Innovationen ist es entscheidend, sich über die Marktgröße und mögliche Markt-Teilnehmer bewusst zu werden. Neben der Analyse bestehender Marktumgebungen ist es daher wichtig, digitale Trends zu beobachten und Szenarien durchzuspielen, die die Entwicklung des Medienprodukts in diesem neuen Markt darstellen.

1. Identifizieren Sie Ihnen bekannte, weitere Marktteilnehmer und zeichnen Sie diese auf ein Flipchart neben Ihre Challenge.
2. Besprechen Sie im Team, welche technologischen Trends sich in den nächsten ein bis fünf Jahren durchsetzen werden. Greifen Sie auf recherchierte Daten zurück.
3. Skizzieren Sie die Entwicklung Ihres Medienprodukts in verschiedenen Trendszenarien.

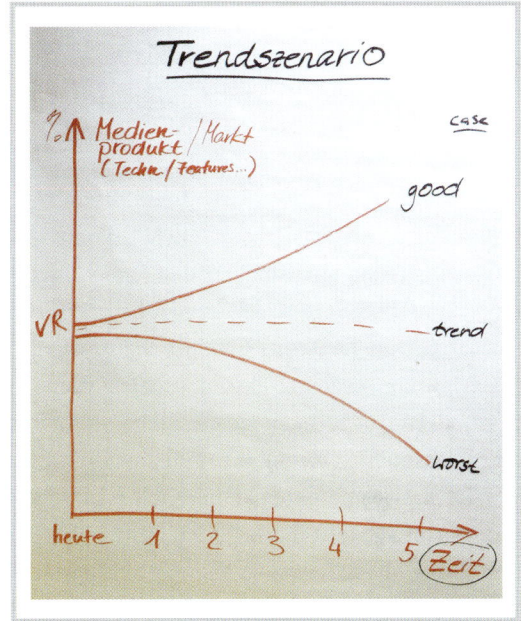

Abb. 18 • *Trendszenario-Skizze*

2.4 Blick zurück nach vorn

Eine genaue Betrachtung der Zielgruppe und eine klare Beschreibung der Persona sind der Dreh- und Angelpunkt für alle weiteren Phasen. Mit der Interpretation haben Sie die ersten greifbaren Deliverables geschaffen, die zu späteren Phasen immer wieder hervorgeholt werden. Es empfiehlt sich die Visualisierung mit Flipchart und Papier. Alternativ oder in einem virtuellen Setting ist es möglich, ein Foto einer Persona zu nutzen (z. B. aus Bilddatenbanken), jedoch hat unsere Erfahrung gezeigt, dass das gemeinsame Erstellen mit Stift und Papier zu mehr gemeinsamer Aktivität, Austausch und schlussendlich Akzeptanz im Team geführt hat. Die Frage, für WEN das Medienprodukt nützlich ist, wird in der Interpretation beantwortet. Die Betrachtung der Szenarien sorgt dafür, nicht nur die Persona losgelöst zu betrachten, sondern das Markt- und Technologieumfeld in dieser wichtigen frühen Phase direkt mitzuberücksichtigen.

Ergebnisse sichern:
- Personas
- Trendszenarien

Was noch? Trendscout
Passen Sie die Trendszenarien unbedingt jederzeit an, sollten Sie im Laufe des DesignAgility-Projekts neue Entwicklungen aufspüren.

Checkliste!

Die **Interpretation** ist fertig, wenn …
- ✓ … Sie Ihre Teilzielgruppen klar identifiziert haben.
- ✓ … die Personas skizziert und ihre Kern-Anforderung formuliert sind.
- ✓ … Sie das Marktumfeld beschrieben haben.
- ✓ … Trendszenarien für Ihr Medienprodukt erstellt sind.

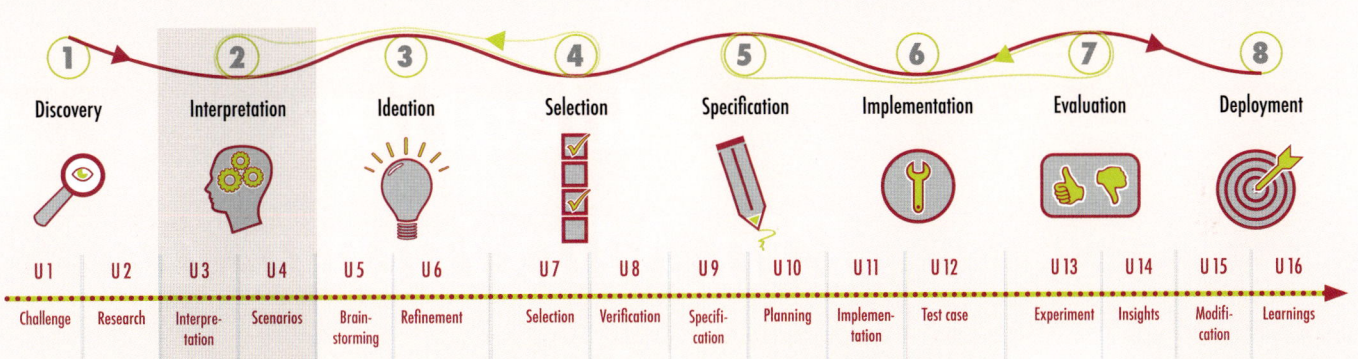

2

Ideation:
Ein Maximum an
Ideen generieren

3

*»Man muss noch Chaos in sich haben,
um einen tanzenden Stern gebären zu können.«
Friedrich Nietzsche (»Also sprach Zarathustra«)*

Ideation bezeichnet in einem Wort, worum es in dieser Phase geht: um Ideen. Die Bedeutung – oder auch der Wertschöpfungsanteil – dieser Phase für das Projektergebnis ist hoch. Dementsprechend sollte die *Ideation* gut vorbereitet und unter inspirierenden Bedingungen durchgeführt werden. Der entscheidende Unterschied zu einer gewöhnlichen Ideenfindungsphase ist die Vorarbeit: Durch die Ergebnisse aus Discovery und Interpretation verfügen die Teilnehmer der Ideation über eine wertvolle Wissensbasis. Sie sind bereits sensibilisiert für Anforderungen, Erwartungen und Wettbewerbsvorteile. Insofern handelt es sich bei der Ideation um eine »qualifizierte Ideenfindung«. Die Vorarbeit setzt dabei Akzente, ohne den Blickwinkel einzuschränken.

Die Leitfragen in der Ideation sind:

- Wie lassen sich die Erwartungen der modellierten Personas in Form sogenannter User-Storys beschreiben?
- Welche Produktmerkmale (Features) kann man daraus ableiten?

Aus den Ergebnissen der Ideation werden in der sich anschließenden Selection die vielversprechendsten Ideen ausgewählt.

3.1 Case-Study: Wie gelange ich kreativ und konstruktiv zur Innovation?

In ihrem Projekt zur Imagebroschüre hat Maren als Projektleiterin einen Workshop für die Ideation angesetzt. Die Terminfindung hat etwas gedauert, weil Maren einige Rahmenbedingungen wichtig waren:

- ein Vormittagstermin für die kreative Arbeit,
- ein heller Raum mit angenehmer Atmosphäre,
- keine belastenden Termine am gleichen Tag.

Außer ihr nehmen die Grafikdesignerin und der technische Produktioner aus ihrer Agentur teil, vom Auftraggeber haben die Marketingchefin und der Vorstandsassistent zugesagt.

Die Personas sind dem Projektteam schon vertraut geworden und ein häufiger Bezugspunkt. Marens Kollegen können sich leichter in die Autoren als B2C-Kunden hineinversetzen, die beiden Vertreter des Auftraggebers dagegen ebenso gut in die Situation der Verlage als B2B-Kunden.

Maren erklärt zu Beginn den Ablauf des Workshops und was eine gute User-Story ausmacht. Bei der Marketingchefin, die für die letzten Imagebroschüren verantwortlich war, stoßen die Software-Begriffe auf Skepsis. Als Maren die Vorgehensweise in ihren eigenen Worten erklärt, merkt sie, wie die Zustimmung steigt.

Anschließend fangen Marens Kollegen aus der Agentur eifrig an, User-Storys zu schreiben. Die Teilnehmer vom Kunden sind zunächst etwas befangen, entwickeln dann aber interessante Ideen: Man könne doch mit einer Virtual-Reality-Brille einen Rundgang durch die Firma in die Imagebroschüre integrieren.

Nach der ersten Kreativphase liegen 30 User-Storys auf dem Tisch, nach der zweiten dann 40 Karten. Die Gruppe ist geradezu euphorisch, was Maren als großen Erfolg empfindet. Das positive Feedback zu den einzelnen Ideen stärkt das gegenseitige Vertrauen, was für den weiteren Projektverlauf eine wichtige Grundlage ist.

Maren stellt fest, dass DesignAgility als Methode bei ihren Auftraggebern jetzt endgültig angekommen ist. Das Erleben der Methode und sichtbare Ergebnisse haben viel mehr bewirkt, als die Erläuterungen im Vorfeld.

3.2 Ideation – Warum diese Phase?

Die Ideation führt die vorangegangenen Schritte Discovery und Interpretation fort: Die Recherchen und Interpretation der Ergebnisse ermöglichen die Identifikation und Empathie mit der Zielgruppe. Umgekehrt muss unbedingt vermieden werden, dass man sich zu sehr an vorhandenem Content, existierenden Produkten oder anderen Assets orientiert.

• Innovation gelingt, wenn mit Marktkenntnis vom Kunden aus gedacht wird •

Dazu arbeitet die Ideation mit User-Storys, die bereits im Kapitel Interpretation erwähnt wurden. User-Storys werden in einfachen Sätzen ohne technische Fachausdrücke geschrieben und passen auf eine Metaplankarte.

Aus jeder einzelnen User-Story können dann ein oder mehrere Features (Funktionalitäten) abgeleitet werden. Die Features sind streng genommen das eigentliche Ergebnis der Ideation, weil sie die Grundlage zur Erstellung von Prototypen darstellen. Dieses Vorgehen ist Kernbestandteil der DesignAgility.

Die Ideation ist wichtig, weil Sie hier ...

- ... (durch die Recherchen) qualifiziert brainstormen.
- ... ohne Denkverbote visionäre Ideen generieren.
- ... im Team voneinander profitieren, weil Sie sich gegenseitig auf weitere Ideen bringen.
- ... in kurzer Zeit Grundsteine für Erfolgsgeschichten legen können.
- ... mit dem kreativen Denken eine generell wichtige Fähigkeit trainieren.

3.3 Wie? Schritte in der Ideation

- Ideation (U5)
- Refinement (U6)

3

3.3.1 Ideation (U5): Brainstorming

Vorbereitungen:

- Sind Ziele und Vorgehen der Ideation allen klar?
- Kennen alle die Personas? Gibt es Fragen dazu?
- Wissen alle, wie und wozu man User-Storys schreibt?

Ablauf:

1. Erste Runde User-Storys aus Sicht der Personas (auf Metaplankarten)
2. Karten für alle sichtbar auslegen
3. User-Storys im Team vorlesen und ggf. erläutern
4. Zweite, ergänzende Runde User-Storys
5. Ableitung von Funktionalitäten (Features) aus den User-Storys (Rückseite der Karten)

Beim Brainstorming muss Raum und Akzeptanz für ausgefallene Ideen sein, zunächst ist alles erlaubt.

So viel Zeit sollten Sie einplanen:

1,5–2 Stunden, länger reicht die Konzentration und Energie meist ohnehin nicht. Im Zweifelsfall lieber noch einen zweiten Termin ansetzen.

Das brauchen Sie für die Durchführung:

Moderatorenkoffer, insbesondere Metaplankarten und Stifte einer mittleren Stärke; s. a. Vorbereitungen links

Das kann passieren und so können Sie reagieren:

- Den Teilnehmern fällt nichts ein: Animieren Sie sie dazu, sich ganz in eine Persona hineinzuversetzen und aus dieser Perspektive zu denken.
- Ideen wiederholen sich häufig: Sehen Sie dies positiv als Bestärkung und erschließen in einer nächsten Runde weitere Felder.
- Kritik an einzelnen Ideen: Fordern Sie positives Denken ein, selektiert wird erst später.

3.3.2 Anwendungsbeispiel: User-Storys

Nach der gründlichen Lektüre der Personas versetzen wir uns in sie hinein und beschreiben aus ihrer Sicht, wie sie das in der Challenge beschriebene Problem gerne gelöst hätten. Im Detail empfiehlt sich dabei folgendes Vorgehen:

1. Betreffende Persona genau lesen und sich vorstellen.
2. Was ist eine für diese Persona typische Situation?
3. User-Story formulieren: »Als ›Persona‹ (die sog. Benutzerrolle) möchte ich ›Funktion‹, damit ich ›Nutzen‹.«
4. Durch welche Produktfunktion oder Servicekomponente wird dieser Nutzen möglich?
5. Überprüfung: Ist die User-Story vollständig und präzise?
6. Offenlegung: Ablage der Karte bei ähnlichen User-Storys auf einem Tisch o. ä., damit sie ggf. andere Teilnehmer inspiriert.

Abb. 19 • *Zum Verfassen von User-Storys eignen sich auch Post-its®*

3.3.3 Refinement (U6): Ideen clustern, verfeinern

Ablauf:

- In diesem Schritt werden die Ideen im Team thematisch sortiert (geclustert).
- Beim Sortieren geht es vor allem darum, ähnliche Ideen oder sogar Doubletten zusammen zu legen.
- Alle Ideen werden noch mal einzeln vorgelesen und evtl. kurz erläutert.
- Bei Bedarf werden die User-Storys und/oder Features präzisiert.
- Sind die User-Storys in der vorgegebenen Struktur formuliert, sind Granularität und Detaillierungsgrad sinnvoll?

Während in der Kreativphase visionäre und assoziative Empathie gefragt ist, erfordert die Verfeinerung eher logisch-strukturierendes Denken. Oft dominieren deshalb verschiedene Personen die beiden Teilschritte.

So viel Zeit sollten Sie einplanen:

1,5–2 Stunden je nach Ideenzahl und Diskussionsbedarf

Das brauchen Sie für die Durchführung:

- Die Ergebnisse (Karten) des Brainstormings
- Flächen an Wänden oder Tischen für die Karten

Das kann passieren und so können Sie reagieren:

- Schwierigkeiten beim Clustern: nach anderen Sortier-kriterien suchen, dann ergeben sich meist auch andere Gruppen
- Enttäuschung beim Sortieren, die Ideen wirken plötzlich wenig innovativ und chancenlos: aus Kundensicht erzählen, bleiben die Zweifel?
- Beim Sortieren kommen den Teilnehmern weitere Ideen: alles zulassen und dokumentieren
- Viele Doubletten: Bestätigung der vorhandenen Ideen (gut), evtl. weiteres Brainstorming ansetzen

3.3.4 Anwendungsbeispiel: Verfeinerung der Ideen aus der Ideation

Abb. 20 • *Refinement: Ideen im Team sortieren, clustern, präzisieren*

3.4 Blick zurück nach vorn

Die Ideation bringt ein Innovationsprojekt sichtbar voran: Nach den vorbereitenden Analysen wird das Projektteam jetzt produktiv. Am Ende der Ideation hat man eine Fülle von Ideen. Häufig ist die Ideation recht emotional geprägt: Aus anfänglichen Zweifeln (»Hoffentlich fällt mir überhaupt etwas ein«), werden Zuversicht und Euphorie (»Das ist die perfekte Lösung«), aber eventuell auch neue Zweifel (»Schaffen wir das überhaupt?«).

• Deliverables sind sortierte und bereinigte User-Storys und abgeleitete Features •

Wichtig ist eine grundsätzlich positive Einstellung zu den Ergebnissen der Ideation. Auch im zweiten Teilschritt der Ideation (U6: Refinement) wird noch nicht kritisiert. Im Ergebnis fördert die Ideation also (möglichst) viele Ideen in Form von User-Storys und Features zu Tage. Die kritische Durchsicht bleibt der sich anschließenden *Selection* vorbehalten. Diese Trennung ermöglicht eine konstruktive, optimistische Grundhaltung während der Ideation, weil anschließend wieder eine stärker rationale Überprüfung folgt. Eine solche temporäre »Insel der Glückseligkeit« ist wichtig, um Denkverbote, Tabus oder andere Formen der Selbstzensur auszuhebeln. Die Ergebnisse werden an die Selection übergeben, in der dann entschieden werden muss, welche Ideen im konkreten Projekt weiterverfolgt werden sollen.

Checkliste!

Die **Ideation** ist fertig, wenn ...

✓ ... ein gemischtes Team mit komplementärer Expertise viele Ideen hervorgebracht hat.

✓ ... Sie einigermaßen sicher sind, dass das kreative Potenzial des Teams damit (vorläufig) ausgeschöpft ist.

✓ ... die Ideen in Form von User-Storys formuliert wurden.

✓ ... zu den User-Storys die notwendigen Features notiert wurden.

✓ ... Sie die Ergebnisse sortiert und auf Stimmigkeit geprüft haben.

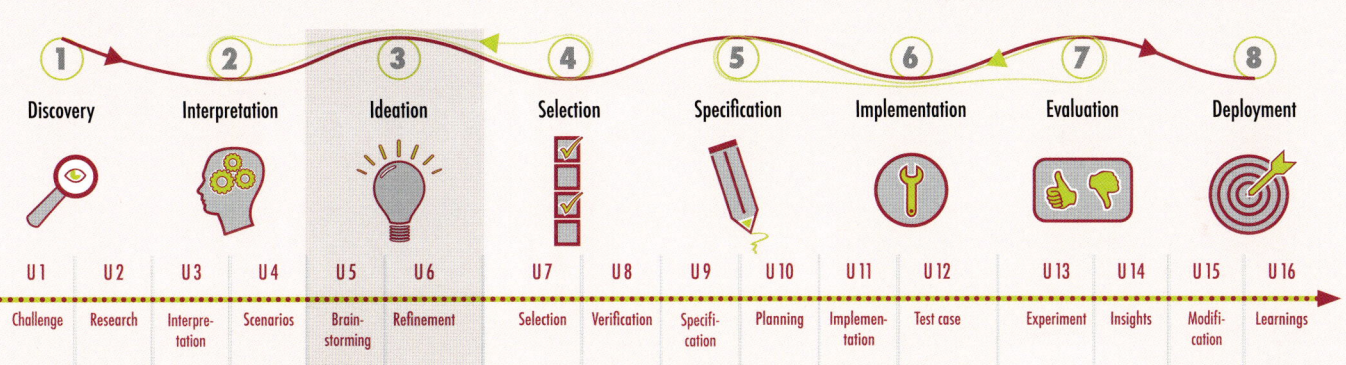

U 1	U 2	U 3	U 4	U 5	U 6	U 7	U 8	U 9	U 10	U 11	U 12	U 13	U 14	U 15	U 16
Challenge	Research	Interpre-tation	Scenarios	Brain-storming	Refinement	Selection	Verification	Specifi-cation	Planning	Implemen-tation	Test case	Experiment	Insights	Modifi-cation	Learnings

3

89

Selection: Ideen auswählen und überprüfen

4

»Was vorstellbar ist, ist auch machbar.«
Albert Einstein

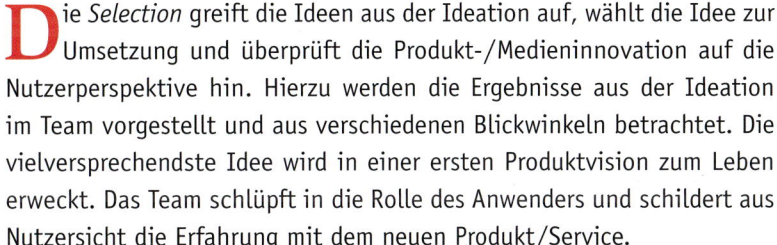

Die *Selection* greift die Ideen aus der Ideation auf, wählt die Idee zur Umsetzung und überprüft die Produkt-/Medieninnovation auf die Nutzerperspektive hin. Hierzu werden die Ergebnisse aus der Ideation im Team vorgestellt und aus verschiedenen Blickwinkeln betrachtet. Die vielversprechendste Idee wird in einer ersten Produktvision zum Leben erweckt. Das Team schlüpft in die Rolle des Anwenders und schildert aus Nutzersicht die Erfahrung mit dem neuen Produkt/Service.

Um nun aus Nutzersicht die Idee vor der nachfolgenden Phase der Spezifikation zu überprüfen, werden in der Selection folgende Fragen gestellt:

- Auf welche Idee wird die Umsetzung fokussiert?
- Welchen Mehrwert erfahren die Personas durch die Lösung?
- Wie funktioniert die angedachte Lösung?
- Passt die Lösung wirklich zur identifizierten Zielgruppe?

Als Ergebnis folgt aus der Selection eine überprüfte Idee, die nun in den nächsten Phasen bis zum Prototypen umgesetzt wird. Alle Teilergebnisse aus den vorangegangenen Phasen fließen hier zusammen. Die Selection liefert eine grobe Produktvision, die in den folgenden Phasen weiter in die Details spezifiziert und erprobt wird.

4

4.1 Case-Study: Welche Ideen werden weiterverfolgt?

Der Auftraggeber von Maren ist überzeugt von der Vorgehensweise der DesignAgility, um die Imagebroschüre voranzutreiben. Bisher wurden diese Aufträge komplett von externen Agenturen für viel Geld umgesetzt, das Ergebnis wurde dann wieder den Mitarbeitern intern fertig übergeben. Das hat sich jetzt alles geändert. Das Team ist mittendrin in der Selection-Phase. Maren bestärkt Einzelne, die Leidenschaft für ihre favorisierten Ideen-Cluster aus der Ideation zu vertreten. Sie motiviert dazu, die Vorschläge anderer aufzugreifen und zu ergänzen. Gleichzeitig ist es wichtig, den Mut zu haben, sich von seinen liebgewonnenen Ideen zu verabschieden (»Kill your darlings«), wenn durch die Teamdiskussion neue Erkenntnisse zu dieser Entscheidung führen. Maren nutzt einfach die Timer-Funktion ihres Smartphones, um dem Team Zeit für die aktive Ideenauswahl zu geben, den Prozess aber auch einzugrenzen, damit die Ideen nicht zerredet werden. Im letzten Zeit-Abschnitt konzentriert sich das Team darauf, die vielversprechendste Idee zur Umsetzung zu selektieren. Gewonnen hat die Idee einer »erfahrbaren Imagebroschüre«, mit einem erweiterten Printprodukt, angereichert um gamifizierte, multimediale Inhalte. Maren erklärt den nächsten Schritt: Die Zettel mit dem Ideen-Cluster formen sich nun zu einer ersten Produktvision, die aus Sicht der Personas vom Team erzählt wird. Auf einem Flipchart erstellt das Team eine User-Journey-Map. Vom *Pain Point* zum *Happy User* wird in vier Bildsequenzen das Erleben des Kunden, der die neue Imagebroschüre nutzt, grob skizziert. Sie visualisieren die Situation und das Bedürfnis des Nutzers und skizzieren den Nutzen der Lösung im Detail. Maren holt die Dokumentation zu den Personas und die Trendszenarien wieder hervor. Sie bittet das Team, nun alle Personas durch die Journey zu führen, um zu überprüfen, ob die Lösung zu den Trendszenarien und zur Zielgruppe passt. Dieser Workshop stößt auf große Begeisterung im Team, denn endlich greifen die Ergebnisse der letzten Workshops ineinander. Von der Challenge, über die Eingrenzung des Problems und Ideenauswahl wird die Lösung nun sichtbar.

4.2 Selection – Warum diese Phase?

In der Selection wird der Auswahl und Überprüfung der vielversprechendsten Idee ein angemessener Raum gegeben. In mehreren Teilschritten wird der Auswahlprozess durchgeführt, in dem neutral alle Meinungen berücksichtigt werden sollten. Der kreative Prozess der Ideengewinnung in der Ideation und die Ideen-Auswahl in der Selection ist bewusst in zwei Phasen unterteilt. Eine Pause zwischen den zwei Schritten hilft bei der Reflexion und gibt einen frischen Blick auf alle Ideen. Die Auswahl und Überprüfung als eigener Abschnitt ermöglicht es, den Fokus für eine Lösung festzulegen und diese zunächst aus der Persona-Perspektive zu erzählen. Nachdem in den ersten drei Phasen die wichtigen Teilaspekte wie das Eingrenzen der Challenge, die Zielgruppe, die Personas, der Markt und Trends sowie User-Storys und Ideen vertieft wurden, fließt hier erstmals alles zusammen. Die erste Produktvision wird zur ausgewählten Idee entworfen, der Lösungsweg simuliert und auf die vorherigen Ergebnisse hin überprüft.

Die Selection ist wichtig, weil ...

- ... Sie hier durch einen moderierten Prozess gemeinsam im Team entscheiden, welche Idee umgesetzt wird.
- ... Sie die erste grobe Produktvision in einer vorgegebenen Storyline erzählen und den Mehrwert benennen.
- ... durch das Eintauchen in die Nutzerperspektive eine hohe Identifikation mit der Produktvision im Team hergestellt wird.
- ... hier frühzeitig die Produktvision auf Zielgruppe, Trends und Rahmenbedingungen hin überprüft wird.

4.3 Wie? Schritte in der Selection

- Ideenauswahl (U7)
- Verification (U8)

4

4.3.1 Ideen auswählen und im Nutzerkontext erzählen (U7)

Vorbereitung:
- User-Storys aus der Ideation
- Pain Points der Nutzer

Ablauf:
1. Diskutieren Sie im Team, welche Idee aus der Ideation am vielversprechendsten für die Umsetzung innerhalb der Rahmenbedingungen ist.
2. Jedes Teammitglied beteiligt sich in einem Bewertungsverfahren an der Ideenauswahl.
3. Skizzieren Sie grob die Produktidee.
4. Visualisieren Sie die Lösung des Nutzerproblems am Storyboard ...
5. ... und erzählen Sie aus Nutzer-Perspektive.

So viel Zeit sollten Sie einplanen:
ca. 2–3 Stunden; optional: Starten Sie zum Beispiel mit einer kurzen Warm-up-Runde, um das Team nach der Pause wieder zu aktivieren und aufeinander einzustimmen.

Das brauchen Sie für die Durchführung:
Besorgen Sie Klebepunkte, mit denen Sie den Ideenauswahlprozess steuern können. Halten Sie Flipcharts und ausreichend Stifte bereit.

Das kann passieren und so können Sie reagieren:
Die Ideenauswahl wird nicht von allen getragen und/oder im Verlauf der »Story« entwickeln sich verschiedene Sichtweisen zur Produktvision: Gehen Sie zurück zur Ideenauswahl und justieren Sie nach. Nehmen Sie Anpassungen vor und sprechen die Story mehrmals durch, bis alle im Team die Produktvision klar nachvollziehen.

4.3.2 Anwendungsbeispiel: User Journey Storyboard

Die User Journey verbindet die Elemente aus den ersten drei Phasen mit der ausgewählten Idee, die zu einer ersten Produktidee/Service-Lösung skizziert wurde. Beschreiben Sie das Erlebnis des Nutzers mit dem Produkt in vier Szenen. Wie wird aus Nutzersicht die Produktlösung verstanden? Welches Bedürfnis wird hierdurch angesprochen, welches Problem gelöst? Hierzu nehmen Sie zum Beispiel ein Flipchart (oder auch einfach ein DIN A4-Blatt für weitere Storyboards) und teilen es in 4 Sequenzen:

• Beschreiben Sie in der User Journey die Interaktionen ihres Nutzers mit dem Produkt/Service. •

1. Ausgangssituation und Komplikation der Nutzer
2. Darstellung des Mehrwerts der Produkt-/Service-Lösung
3. Beschreiben Sie, wie die Lösung funktioniert.
4. Claim – Sagen Sie am Ende zusammenfassend in einem Satz, wie die Lösung den Nutzer zufriedenstellt.

Versetzen Sie sich in die Lage des Nutzers und erzählen Sie die Story aus Nutzersicht in der Ich-Form, von der Challenge bis zum gelösten Problem.

Abb. 21 • *User Journey*

4.3.3 Ideen verifizieren an Zielgruppe und Trends (U8)

Vorbereitung:

- Favorisierte Ideen aus der Selection
- User Journey aus vorherigem Schritt

Ablauf:

1. Stellen Sie Ihre Personas, Markttrends und Szenarien zu den Storyboards sichtbar im Raum für alle auf.
2. Erstellen Sie nun einen Trendszenario Cross-Check, halten Sie dafür ein Flipchart bereit.
3. Identifizieren Sie im Team die wichtigsten Produkt-/Service-Eigenschaften aus Nutzersicht (Top 5).
4. Nennen Sie die Berührungspunkte (Touchpoints) des Nutzers mit der Medien-Lösung.
5. Visualisieren Sie die Verbindung zwischen Nutzer und Produkt/Service und gleichen Sie die Produktidee mit den Trendszenarien ab.

So viel Zeit sollten Sie einplanen:

ca. 1–2 Stunden

Das brauchen Sie für die Durchführung:

Halten Sie Flipcharts und ausreichend Stifte bereit. Zudem benötigen Sie viel freie Fläche im Raum, um die vorangegangenen visuellen Ergebnisse zu zeigen.

Das kann passieren und so können Sie reagieren:

Es entsteht eine ausufernde Diskussion um die wichtigsten Produkteigenschaften: Verweisen Sie immer wieder auf die Kernaussage aus dem Storyboard, auf das sich alle zuvor geeinigt haben. Legen Sie Zeitlimits fest (z. B. 30 Minuten für die Produkteigenschaften + 10 Minuten für die Top 5). Betonen Sie, dass es in der DesignAgility zunächst um die Fertigstellung eines Ausschnitts des möglichen Endprodukts/-services geht – »done is better than perfect«.

4.3.4 Anwendungsbeispiel: Trendszenario Cross-Check

Verwenden Sie einfach ein Flipchart für die Visualisierung. Legen Sie es auf den Tisch und skizzieren Sie im Team gemeinsam. Durchlaufen Sie nun mit Ihren Personas die Produkt-/Service-Lösung und überprüfen Sie dies im Kontext der Trendszenarien – passt beides zueinander? Visualisieren Sie mit Symbolen statt mit Worten.

1. Was ist der *Trigger*, also das Hauptbedürfnis für den Nutzer zur ersten Verbindung mit dem Produkt innerhalb des Trendszenarios?
2. Wie nutzt der Anwender die identifizierten, wichtigsten Produkteigenschaften?
3. Legen Sie die wichtigen Entscheidungspunkte fest, also die Berührungspunkte, die besonders wichtig und kritisch sind.
4. Welche Erfahrungen macht der Nutzer mit der Medieninnovation? Wo wird die Marke gestärkt oder ggf. gefährdet? Wie entsteht ein positives Erlebnis?

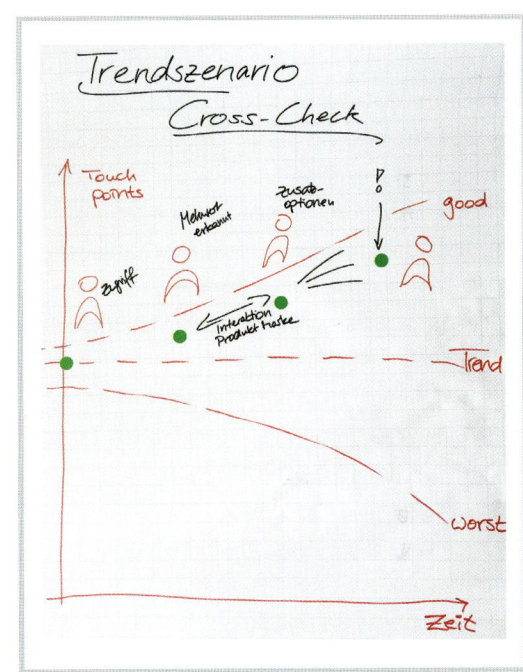

Abb. 22 • *Trendszenario – Interaktionspunkte Nutzer/Produkt*

4.4 Blick zurück nach vorn

Sie haben mit der Selection die Halbzeit des DesignAgility-Prozesses erreicht. An dieser Stelle haben Sie Ihre Medieninnovation soweit zugespitzt, dass Sie eine erste Produktvision aus Nutzersicht kurz darstellen können. Wenn sich herausstellt, dass die Ergebnisse nicht den Rahmenbedingungen für eine weitere Fortführung standhalten und von den Projektleitern gestoppt werden, dann sehen Sie es sportlich: Sie haben damit jetzt die Möglichkeit,

- noch einmal zurück zur Interpretation zu gehen oder
- können das Projekt zu einem frühen Zeitpunkt verwerfen und ein neues starten.

Die Ergebnisse der Selection sind Grundlage für die konkrete Definition und weitere Ausarbeitung des Prototypen in den Phasen Specification und Implementation.

Ergebnisse sichern – Take aways:

- User Journey Storyboard – Produktvision
- Trendszenario Cross-Check

Was noch? Stakeholder einbinden

Präsentieren Sie die Ergebnisse Ihren internen Stakeholdern als Mini-Pitch. Es sind die Personen, die dann darüber entscheiden, ob das Projekt zu stoppen ist oder fortgeführt wird.

Checkliste!

Die **Selection** ist fertig, wenn ...

- ✓ ... Sie die beste Idee gewählt haben.
- ✓ ... eine Produktvision mit dem Storyboard erstellt wurde.
- ✓ ... Sie die Berührungspunkte der Produkt-/Kundeninteraktion verifiziert haben.

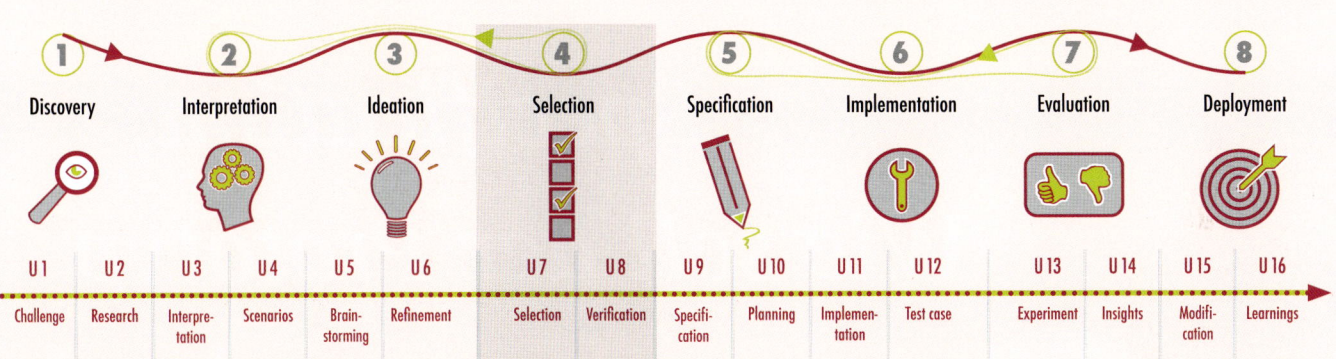

Discovery		Interpretation		Ideation		Selection		Specification		Implementation		Evaluation		Deployment	
U 1	U 2	U 3	U 4	U 5	U 6	U 7	U 8	U 9	U 10	U 11	U 12	U 13	U 14	U 15	U 16
Challenge	Research	Interpretation	Scenarios	Brainstorming	Refinement	Selection	Verification	Specification	Planning	Implementation	Test case	Experiment	Insights	Modification	Learnings

4

Specification: Wie soll der Prototyp aussehen?

5

>>Es ist der Beweis hoher Bildung,
die größten Dinge auf einfachste Art zu sagen.<<
R. W. Emerson

Specification klingt sehr technisch, setzt aber wichtige kreative Schritte voraus. Aufgabe von *Specification* und Implementation ist es, den Kundennutzen der in der Selection ausgewählten Ideen durch einen Prototyp erfahrbar zu machen. Erst dadurch wird das Einholen eines Kundenfeedbacks möglich, was entscheidend für die Beurteilung eines künftigen Markterfolgs ist.

Die Spezifikation im engeren Sinne setzt daher zuerst eine gedankliche Übersetzungsleistung voraus: Wie kann ich eine favorisierte Lösung oder Produktidee mit geringem Ressourceneinsatz so visualisieren oder umsetzen, dass für Angehörige der Zielgruppe die wichtigsten Nutzenmerkmale erkennbar und erfahrbar werden? Im Kern soll die Specification Empathie, Aufwand und Erkenntnis ausbalancieren. Die zentralen Fragen sind daher:

- Welche Form bekommt der Prototyp?
- Welche Features soll er zeigen?
- Welches Projektmanagement erfordert seine Erstellung?

Die Implementation setzt anschließend das Ergebnis der Specification um und erstellt dann den Prototypen.

5

5.1 Case-Study: Welche Darstellung eignet sich zur Innovationsumsetzung?

Für Maren wird es in ihrem Projekt zur Imagebroschüre noch mal spannend: Die Erstellung eines Prototypen hat sie durchgesetzt, nun soll dessen Form festgelegt werden. Für die Auftraggeber ist Prototyping neu, ihnen sind unfertige Experimente als Methode fremd. Maren muss daher zunächst das Hintergrundwissen der Auftraggeber und ihre Fantasie anreichern. Schnell ist klar, dass der Prototyp ebenso crossmedial wie das Endprodukt sein soll, nicht zuletzt, um den Medienübergang zeigen und evaluieren zu können.

Was die Printkomponente betrifft, so beschließt man, einen Vierseiter umzusetzen, weil darin alle wichtigen Seitentypen und Platzierungen enthalten sind. Als Technologie zur Umsetzung wurden die Einbettung von Augmented Reality (AR) und Gamification-Elementen ausgewählt, die ebenfalls mit dem Prototypen evaluiert werden sollen. Marens Kollege ist mit einem AR-Anbieter im Gespräch, ob man den Prototypen eventuell gegen eine geringe Pauschale umsetzen könnte. Es kommt der pragmatische Vorschlag auf, dass man andernfalls den Aufruf eines Videos durch eine AR-Funktion auch dadurch simulieren kann, dass bei der Vorführung des Prototypen das betreffende Video manuell aufgerufen wird – entscheidend sei in dieser Phase die Wahrnehmung der Zielgruppe, nicht die technische Perfektion.

Was die Zielgruppe betrifft, so wird in der Runde auch über die Unterschiede zwischen B2C- und B2B-Zielgruppe diskutiert. Alle sind der Meinung, dass sowohl Selfpublishing-Autoren wie auch Verlagskunden in etwa über die gleiche Ausstattung mit Endgeräten verfügen. Die gamifizierte Präsentation der Unternehmensdaten soll mit Screen-Mock-ups umgesetzt werden: Es wird das Einscannen von Zahlen und Fakten aus der Imagebroschüre simuliert, das zu Quizfragen führt, bei denen die Leser Punkte erspielen können. Maren schlägt ein Mock-up-Tool vor, von dem die Agentur bereits einige Lizenzen besitzt. Zuletzt wird vereinbart, wer welche vorbereitenden Aufgaben übernimmt. Die Spezifikation im engeren Sinne übernimmt die Agentur.

5.2 Specification – Warum diese Phase?

Die Specification hat innerhalb der DesignAgility eine Scharnierfunktion: Nachdem in der Selection die vielversprechendsten Ideen ausgewählt wurden, leitet die Specification über zur Umsetzung. Streng genommen greift die Specification aber noch weiter zurück – ohne die

• Wie können wir zu unserer Idee ein Feedback von der Zielgruppe einholen? •

Einsichten zu Zielgruppe und Trends aus der Interpretation würde man die falschen Entscheidungen treffen. Nun stellt sich aber in der Specification die Frage: Wie kann ich zu den ausgewählten Ideen Feedback von der Zielgruppe einholen?

Auch dazu sind Kenntnisse und Empathie in Bezug auf die Zielgruppe wichtig: Wenn ich über die User-Storys hinaus die Medienpräferenzen meiner Zielgruppe kenne, hilft mir das, für den Prototyp die passende Form auszuwählen.

Die Specification ist wichtig, weil Sie hier …

- … eine Übersetzungsleistung vornehmen: Wie macht man den Kundennutzen der favorisierten Idee erfahrbar?
- … nochmal kreativ werden bei der Frage, in welcher Form ein Prototyp umgesetzt werden soll.
- … unterschiedliches Know-how kombinieren: Kundenwissen mit technischen Möglichkeiten.
- … durch gute Planung der Umsetzung dafür sorgen, dass der Prototyp zeitnah evaluiert werden kann.

Link: Projekte für DesignAgility lassen sich in dieser Phase sehr gut planen mit dem Project Canvas www.overthefence.com.de/project-canvas/ (Habermann, Schmidt 2016).

5.3 Wie? Schritte in der Specification

- Specification (U9)
- Planning (U10)

5

5.3.1 Specification (U9): die Form des Prototypen

Vorbereitung: Rückgriff auf vorliegende Ergebnisse
- Zielgruppenwissen aus Discovery und Interpretation, insbesondere die
- Medienpräferenzen der Zielgruppe
- Input aus der Selection

Ablauf:

Klärung der Umsetzung
- WAS (Features/Content) soll
- WIE (Darstellungsform)
- WOMIT (Hilfsmittel/Tools) umgesetzt werden?

Dokumentation
- Ergebnisse/Entscheidungen aus der Klärung der Umsetzung (s. o.)
- Internes Testszenario vor der Erprobung

So viel Zeit sollten Sie einplanen:
Einen halben bis zu einem ganzen Tag. Durch die kreativen Abschnitte ist der Zeitbedarf hier schwerer abzuschätzen, als in den anderen Phasen.

Das brauchen Sie für die Durchführung:
Die Ergebnisse der vorangehenden Phasen (s. links *Vorbereitung*) und Wissen zu den möglichen Umsetzungsformen.

Das kann passieren und so können Sie reagieren:
- Die Umsetzungsideen zum Prototyp sind zu aufwändig: Minimalistisch denken, was muss man der Zielgruppe zeigen, um die Kernidee erfahrbar zu machen.
- Keine Umsetzungsform scheint zu passen: Holen Sie externes Know-how zu weiteren möglichen Umsetzungsformen ein.
- Es fehlen die Skills zur Umsetzung: Suchen Sie externe Unterstützung.

5.3.2 Anwendungsbeispiel: Wahl der Prototyp-Form

Hier sind neben den Ergebnissen der vorangegangenen Projektphasen auch wieder die verschiedenen im Team vorhandenen Kompetenzen gefragt. Vor allem wenn technische Expertise mit Kundenwissen kombiniert wird, entstehen in der Regel Lösungen mit viel Potenzial. Folgende Schritte bzw. Fragen haben sich dabei bewährt:

- Welche Endgeräte und Medien bevorzugt die Zielgruppe? In welcher Gestalt sollte man die ausgewählten Ideen deshalb präsentieren?
- Welche Materialien, Werkzeuge oder sonstige Hilfsmittel kommen in Frage? Brauchen wir evtl. externes Knowhow?
- Prototyp des Prototypen: Wie soll er ungefähr aussehen? Was soll er ungefähr können?
- Verfügen wir über die benötigten Ressourcen zur Umsetzung eines solchen Prototyps?

Beim Prototyping sind der Kreativität grundsätzlich keine Grenzen gesetzt – alles, was es Repräsentanten der Zielgruppe ermöglicht, den Nutzen zu erfahren, kommt für eine prototypische Umsetzung in Frage. Typische Formen für *Medienprototypen* sind:

- Papierprototypen (simulieren Funktionalitäten durch gezeichnete und ggf. ausgeschnittene Elemente aus Papier)
- Screen-Mock-ups (Spezialsoftware für Bildschirmentwürfe von Softwareanwendungen)
- App-Mock-ups (Spezialsoftware für die Simulation der Funktionalitäten mobiler Applikationen)

Handelt es sich bei der Idee um einen kostenpflichtigen Service, bieten sich andere Formen an, wie z. B.:

- Videos
- Drehbücher
- Rollenspiele

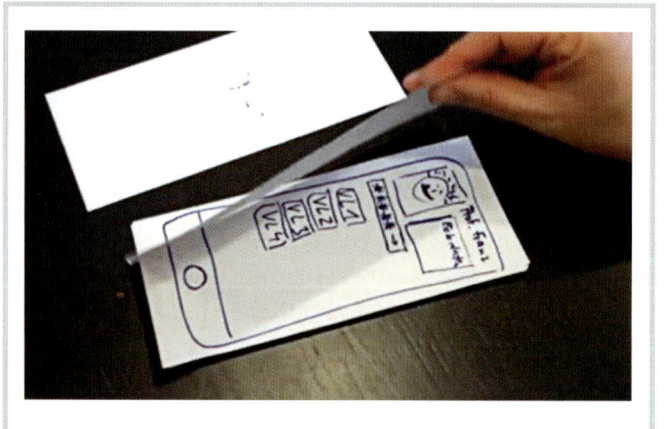

Abb. 23 • *Papierprototyp*

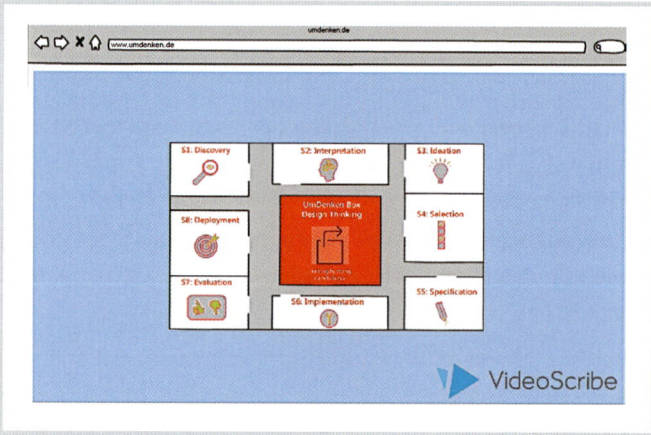

Abb. 24 • *Mock-up, klickbares PDF eines digitales Spiel-Prototypen*

5.3.3 Planning (U10): Die Umsetzung planen

Vorbereitung:

Die Specification besteht aus einem konzeptionellen Teil, dem sich ein planerischer Teil anschließt. Bedenken sollte man in jedem Fall, dass die Umsetzung dieser Ideen einem in das DesignAgility-Projekt eingebetteten *Mikro*-Projekt gleicht. Als solches sollte es geplant und gesteuert werden.

Ablauf:

1. Terminziel Fertigstellung Prototyp
2. Arbeitsteilung im Projektteam
3. Beschaffung benötigter Hilfsmittel (Werkzeuge, Software o. ä.)
4. Definition der Abnahmekriterien
5. Planung der Arbeitspakete (mit Iterationen)
6. Planung von internem Test und Fehlerbehebung (Bugfixing)
7. Geeignetes Planungstool (z. B. Project-Canvas)

So viel Zeit sollten Sie einplanen:

2–3 Stunden, je nach Projektplanungserfahrung

Das brauchen Sie für die Durchführung:

Eine genaue Vorstellung, auf welche Weise der Prototyp umgesetzt werden soll und insbesondere, welche inneren Abhängigkeiten dabei bestehen.

Das kann passieren und so können Sie reagieren:

- Es ist nicht klar, was die Umsetzung genau beinhaltet: Klären Sie, wie genau der Prototyp umgesetzt werden soll.
- Der Zeitaufwand für die Umsetzung ist wegen Unsicherheiten im Detail schwer abzuschätzen: Vereinbaren Sie noch keine Termine mit den Probanden.
- Product Owner bzw. Projektleitung kennen sich mit der Umsetzung weniger gut aus: Die Koordination von Planung und Umsetzung des Prototypen an Kollegen übertragen.

5

5.4 Blick zurück nach vorn

Das Ergebnis der Specification ist sehr handlungsorientiert, es verweist wie jede Spezifikation direkt auf die sich anschließende Umsetzung. Für die *Dokumentation* der Specification gibt es vielfältige Möglichkeiten, etwa

- ein Textdokument
- gezeichnete Skizzen/Scribbles
- provisorische Videos

Jede Dokumentationsform hat ihre Vor- und Nachteile: Text ist unmissverständlich und potenziell am präsesten, Skizzen vermitteln dagegen schon eine beispielhafte Visualisierung und sind als solche leichter interpretierbar. Mit Video kann man Abläufe und Aktionsfolgen gut und ohne allzu viel Aufwand darstellen.

Unabhängig von der Dokumentationsform müssen folgende Aspekte obligatorisch definiert und dokumentiert werden:

1. die zu demonstrierende Funktionalität
2. ggf. die dafür benötigten Inhalte
3. die (technische) Umsetzungsform
4. eine Begründung zu den drei zuvor genannten Entscheidungen, die explizit Bezug auf Interpretation und Trendszenarien nimmt
5. ggf. die Werkzeuge und Hilfsmittel, mit denen die Umsetzung vorgenommen werden soll
6. der geschätzte Zeitaufwand (möglichst aufgeschlüsselt nach Arbeitspaketen)
7. ein geplanter Fertigstellungstermin
8. ein internes Testszenario, bevor Repräsentanten der Zielgruppe mit dem Prototypen konfrontiert werden

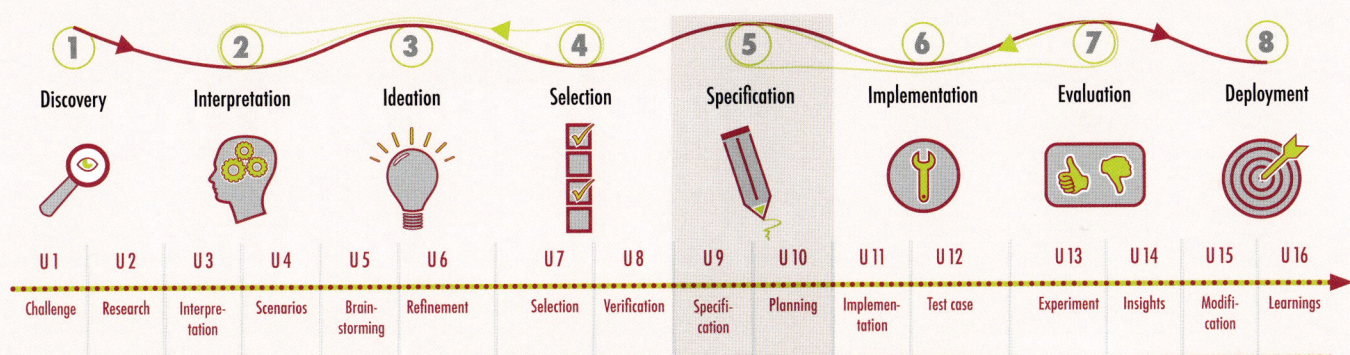

1 Discovery		2 Interpretation		3 Ideation		4 Selection		5 Specification		6 Implementation		7 Evaluation		8 Deployment	
U 1	U 2	U 3	U 4	U 5	U 6	U 7	U 8	U 9	U 10	U 11	U 12	U 13	U 14	U 15	U 16
Challenge	Research	Interpretation	Scenarios	Brainstorming	Refinement	Selection	Verification	Specification	Planning	Implementation	Test case	Experiment	Insights	Modification	Learnings

Checkliste!

Die Specification ist fertig, wenn ...

✓ ... Sie verschiedene Umsetzungsformen für den Prototypen diskutiert und sich für eine entschieden haben.

✓ ... Sie auf der Basis dieser Entscheidung den Prototypen detailliert spezifiziert haben.

✓ ... sichergestellt ist, dass für die Umsetzung alle notwendigen Arbeits- und Hilfsmittel zur Verfügung stehen.

✓ ... wenn Sie die Umsetzung (nicht in jedem Detail, aber methodisch professionell) geplant haben.

Implementation: Prototypen und Test vorbereiten

6

»Prototyping at work is giving form to an idea, allowing us to learn from it, evaluate it against others, and improve upon it.« Tim Brown (Change by Design)

In der *Implementation* wird umgesetzt, was in der Specification entschieden und beschrieben wurde. Zudem wird ein Testszenario für die Evaluierung aufgestellt. Ob Prototyping aus Papier, Legosteinen, Videoprototyping, Mock-ups oder Rollenspiel und Prozessmodellierungen: Das Prototyping bringt die Produktvision auf eine erste »erfahrbare« Ebene. Für den Test-Case in dieser Phase wird die Form des Prototyping umgesetzt, die auf der Grundlage der Specification zur Darstellung des Kundennutzen passt.

Die Fragen zur Implementation stellen sich im Hinblick auf die Testbarkeit aus Nutzersicht:

- Wie gestalten wir den Prototypen?
- Welche Schritte gehen wir, um den Prototpyen zu erstellen?
- Wie testen wir den Prototypen? Wo, mit wem und wie?

Das Prototyping ist ein Kernstück in der DesignAgility. Durch die Umsetzung wird die Medieninnovation aus Nutzersicht veranschaulicht. Es wird gebaut, bis der fertige Prototyp die Lösung ausreichend darstellt. Aus der Implementation erhalten wir den testbaren Prototypen und einen vorbereiteten Testablauf für die Evaluierung.

6

6.1 Case-Study: Wie kann ich schnell und zielgenau im Markt testen?

Maren hat das Team für einen kompletten Tag zusammengerufen. Sie hat den Raum vorbereitet, die Personas hängen wieder an den Wänden, daneben jeweils die User-Journey-Maps. Sie hat den Workshop vorbereitet und hat vor, mit dem Team in der ersten Tageshälfte einen Video-Prototypen zu erstellen. Die zweite Tageshälfte widmen sie der Vorbereitung der Evaluierung. Der Prototyp und die Testszenarien für die Evaluation stehen in engem Zusammenhang und werden deshalb bewusst in der DesignAgility in einer Phase durchgeführt. Maren hat dies bereits in anderen Innovationsprojekten erprobt und weiß, wie wichtig es ist, den Medien-Prototypen erlebbar zu machen und den Test für die Endnutzer vorzubereiten. Im Team sind alle auf ihren Positionen – jeder weiß dank des Projektmanagements und der genauen Spezifizierung des Prototypen, wer was bis wann vorzubereiten hat. Die ersten Mockups wurden erarbeitet, der Spielablauf für die Gamifizierung geplant und die Media-Assets, die sie für den Test verwenden wollen, ausgewählt. Maren erläutert kurz die einfache Erstellung des Video-Prototypen.

Für den Test-Case haben sie sich Folgendes überlegt: Mit Stift und Papier werden einfache Figuren erstellt, die Mockups werden ausgedruckt. Mit der Kamera des Smartphones wird in einer vorgegebenen Sequenz die Produktlösung vorgestellt. Sie möchten in der Evaluierung zwei bestimmte Merkmale abfragen, daher werden im Video-Prototypen bewusst die AR-Einbindung und der Spielverlauf dargestellt. Hierzu wird ein Testszenario entwickelt. Ziel ist es, 4–6 Personen aus dem B2B- und B2C-Bereich das Video zu zeigen und dann offene Fragen zu stellen. Eine weitere Person wird die Probanden beobachten. Den Fragebogen testen sie vorab mit Kollegen außerhalb des Projekts. Am Ende des Tages sind sie perfekt vorbereitet: Der Prototyp steht und alle Vorbereitungen für die Evaluierung sind fertig.

6.2 Implementation – Warum diese Phase?

Die Implementation vereint die Umsetzung des Prototypen mit den Vorbereitungen zur Evaluation. Der Prototyp wird in kurzer Zeit umgesetzt und beinhaltet nicht mehr als eine mit einfachen Mitteln produzierte Darstellungsform der Produktvision. Es wird gebaut, umgesetzt und getestet – ein erster Prototyp wird implementiert. Dies kann zum Beispiel mit Papier und Stiften oder auch digitalen Mock-up-Tools erfolgen. Ein Video-Prototyping erklärt die Story zum Prototypen und bindet das Produkt oder den Service somit in einen ersten Kontext.

• Keep it simple but valuable – Den Prototyp nur genau so aufwändig gestalten, wie es der Testzweck erfordert •

Wie können wir die Meinung der Zielgruppe einholen? Testfragen werden vorbereitet und die Durchführung der Evaluierung geplant. Wer wird befragt? Wie können wir die Zielpersonen erreichen? Was benötigen wir für die Durchführung? Wer kann den Fragebogen vorab testen? Funktioniert die Technik?

Die Implementation ist wichtig, weil ...

- ... Sie hier eine der vielen Prototyping-Umsetzungsmethoden anwenden.
- ... Sie den in der Spezifikation definierten Prototypen umsetzen (»putting into action«).
- ... Sie direkt die Hauptmerkmale des Prototypen und den darauffolgenden User-Test aufeinander abstimmen.
- ... das Testformat und die Durchführung der Evaluation vorbereitet wird.

6.3 Wie? Schritte in der Implementation

- Umsetzung (U11)
- Test-Case (U12)

6

6.3.1 Prototyp umsetzen (U11)

Vorbereitung:
- Spezifikation des Prototypen
- Hilfsmittel und Prototyp-Projektplan

Ablauf:
1. Diskutieren Sie im Team, welche Features Sie im Prototypen für das Testszenario umsetzen wollen.
2. Nutzen Sie das »Baumaterial« des Prototypen – Visualisierung mit einfachen Papier-Prototypen, Mock-ups, Video-Prototyping, etc.
3. Erstellen Sie den Prototypen.
4. Je nach Testszenario bereiten Sie die Geschichte aus Nutzerperspektive vor oder überlegen Sie bei reiner Beobachtung, wie der Nutzer den Prototypen wahrnehmen und bedienen wird.

So viel Zeit sollten Sie einplanen:
ca. 3–4 Stunden

Das brauchen Sie für die Durchführung:
Baumaterial für den Prototypen, Möglichkeit zur Dokumentation (Aufnahmen) oder Transport/Bereitstellung des Prototypen.

Das kann passieren und so können Sie reagieren:
Der Bau des Prototypen ufert aus. Es werden Dinge umgesetzt, die nicht den Hauptmerkmalen, die im Testszenario untersucht werden sollen, entsprechen: Diskutieren Sie, warum dies geschieht. Lässt sich der Prototyp nicht wie gewünscht umsetzten oder wurde beim Bau festgestellt, dass andere Dinge sinnvoller sind? Das Prototyping dient der »Erfahrbarmachung« im Team, bevor es in den Test geht. Bauen Sie neu – scheiter heiter!

6.3.2 Anwendungsbeispiel: Video-Prototyping

Der Video-Prototyp dient der Visualisierung der Features aus der Specification. Wenn Sie – wie in unserem Fallbeispiel – Mock-ups erstellt haben, die zeigen, wie der Kunde das Produkt (in diesem Fall die Imagebroschüre unter Einbeziehung von Augmented Reality und Spielelementen) erleben

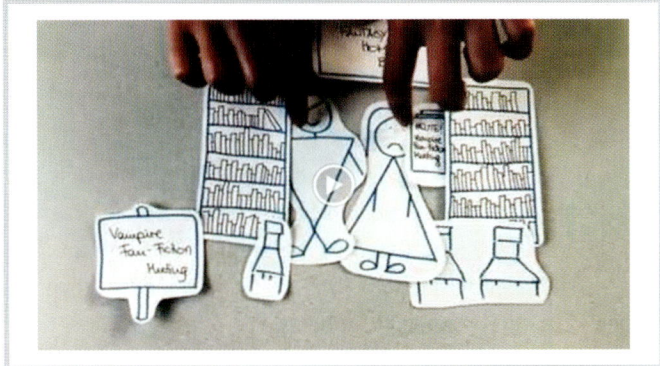

Abb. 25 • *Video-Prototyp mit einfachen Zeichnungen als Visualisierung*

wird, dann binden Sie diese in Ihren Video-Prototypen ein. Versetzen Sie sich wieder in die Lage eines Nutzers – wann wird er wo und wie mit Ihrem Produkt/Service in Verbindung treten? Starten Sie mit der Ausgangssituation, dem Bedürfnis des Nutzers und der Lösung, die Sie präsentieren. Legen Sie den Fokus auf maximal 1–2 detaillierte Merkmale, die Sie im Test-Case untersuchen möchten. In unserem Fallbeispiel könnte das die Einbindung von Augmented Reality-Inhalten sein oder eine Darstellung, wo und wie Punkte und Level erreicht werden können im Spielablauf. Nach 2–3 Durchläufen erhalten Sie einen anschaulichen »Film«, den Sie vorführen und zu dem Sie Feedback einholen können.

1. Nehmen Sie Schere, Stift und Papier und erstellen Figuren und Symbole für Ihre Storyline.
2. Erzählen Sie entlang der User-Journey-Map mit dem Fokus auf die Test-Merkmale eine Geschichte.
3. Erzählen Sie, was Ihr Nutzer wo findet in Ihrer Produkt-/Service-Lösung.
4. Nehmen Sie ein Video mit Ihrem Smartphone auf.
5. Laden Sie das Video z. B. als *Private Link* auf Youtube hoch.

6.3.3 Test-Case und Evaluierung vorbereiten (U12)

Vorbereitung:
- Präferenzen der Probanden einplanen
- Kundennutzen des Prototypen festlegen

Ablauf:
1. Der Prototyp ist Ihre Ausgangsbasis mit dem Fokus auf die besonderen 1–2 Merkmale, die Sie in dem Test erfahren möchten.
2. Legen Sie fest, welche Art der Untersuchung Sie vornehmen möchten: Fragebogen, Interview, Beobachtung, Usability-Test, etc.
3. Überlegen Sie, wie Sie 4–6 Personen Ihrer identifizierten Teilzielgruppe erreichen können.
4. Bereiten Sie den Interviewleitfaden vor.
5. Legen Sie das Testszenario mit dem Prototypen fest.
6. Laden Sie die Probanden ein.
7. Planen Sie Personen für die Durchführung und Auswertung der Ergebnisdaten ein.

So viel Zeit sollten Sie einplanen:
ca. 2–3 Stunden

Das brauchen Sie für die Durchführung:
Laptop, teilen Sie die Aufgaben im Team – Literaturrecherche für die Wahl der Untersuchung/Interviewleitfaden, Testszenario, Einladung, Durchführung und Auswertung.

Das kann passieren und so können Sie reagieren:
Ein Mix aus Nutzertest und Usability sorgt für Verwirrung und macht die Ergebnisse nutzlos, weil es wenig aussagekräftig ist: Schaffen Sie eine klare Trennung und entscheiden Sie, welchen Fokus Sie auf den Test legen möchten. Was ist das Ziel? Was zeige ich in welchem Setting? Wie muss ich es organisieren?

Das Testszenario passt nicht zum Prototypen: Machen Sie immer einen Probedurchlauf, checken Sie die Technik vorab.

6.3.3 Anwendungsbeispiel: Interviewleitfaden

Wenn Sie beispielsweise den Videoprototypen Probanden vorführen, planen Sie dafür zwei Personen ein – eine Person, die den Probanden während der kompletten Zeit beobachtet, und eine Person, die das Interview mit dem zuvor erstellten Leitfaden durchführt.

1. **Einleitung:**
   Vorstellung und Zweck des Interviews (ohne bereits eine Antwortrichtung zu suggerieren)
2. **Hauptteil:**
   Offene Fragen stellen, die nicht mit ja oder nein beantwortet werden können, z. B.: »An was haben Sie als erstes gedacht, als Sie das Video gesehen haben?«, »Was hat Sie direkt angesprochen?«, »Was haben Sie nicht verstanden, wo haben Sie gezögert?«
3. **Schluss:**
   Dank, Abschied und weiterer Verlauf

Vorbereitung der Evaluationsphase
I Anschreiben

UsabilityTest mit Interview:
Umdenken – digitales Spiel zum Erlernen des Design Thinkings

II Recherche zu den Methoden der Evaluation Usability Test
...
...
III Umsetzung der Evaluation an unserem Spiel

Anwendung unserer Rechercheergebnisse auf unsere Evaluation:
→ Durchführung eines Usability-Test mit zusätzlichen Interviewfragen
Die Testpersonen werden anhand unseres „klickbaren" PDFs, angereichert mit Media-Assets, durch das digitale Spiel geführt.

Interviewfragen
· Wie wirkt das Spiel auf Sie?
· Sind Ihnen Schwachstellen an unserem Spiel aufgefallen? (Falls ja, welche Verbesserungsvorschläge haben Sie hierfür?)
· Was hat Ihnen besonders gut gefallen?
- ......
-
TEST 1: 30.01.2017
Durchführungsort : xy Verlag
Tester/in: Frau Meier + evtl. Redakteur

Abb. 26 • *Interviewleitfaden*

6.4 Blick zurück nach vorn

Sie haben in der Implementation den Prototypen erstellt und die Vorbereitungen für die Evaluation getroffen, ein Meilenstein im DesignAgility-Prozess. Jetzt haben Sie Ihre Medieninnovation vorzeigbar und greifbar gemacht, sodass Ihre Produktvision für Probanden aus Nutzersicht schnell erfahrbar wird. Der Prototyp stellt keine perfekte Produktentwicklung dar und das soll er auch gar nicht. Es geht beim Prototyping um die Darstellung eines exemplarischen Produktnutzens und zwar so anschaulich, dass Außenstehende erfassen können, was Sie vorhaben. Nutzen Sie diese Möglichkeit, um schnell und kostengünstig Produktentwicklungen zu testen und ggf. nachzujustieren, bevor Sie viel Zeit und Geld in ein Projekt stecken, das sich nach dem Markteintritt als Flop herausstellen könnte.

Ergebnisse sichern – Take aways:
- Prototyp
- Interviewleitfaden

Was noch? Pre-Test!

Präsentieren Sie den Prototypen und testen Sie den Fragebogen vorab. Prüfen Sie technische Einstellungen ausgiebig vor dem Test mit Probanden!

Checkliste!

Die **Implementation** ist fertig, wenn ...
- ✓ ... der Prototyp erstellt ist.
- ✓ ... das Testszenario aufgebaut ist.
- ✓ ... Sie die Dokumente zur Evaluierung vorbereit haben.
- ✓ ... die Teilnehmer für die Evaluierung eingeladen haben.

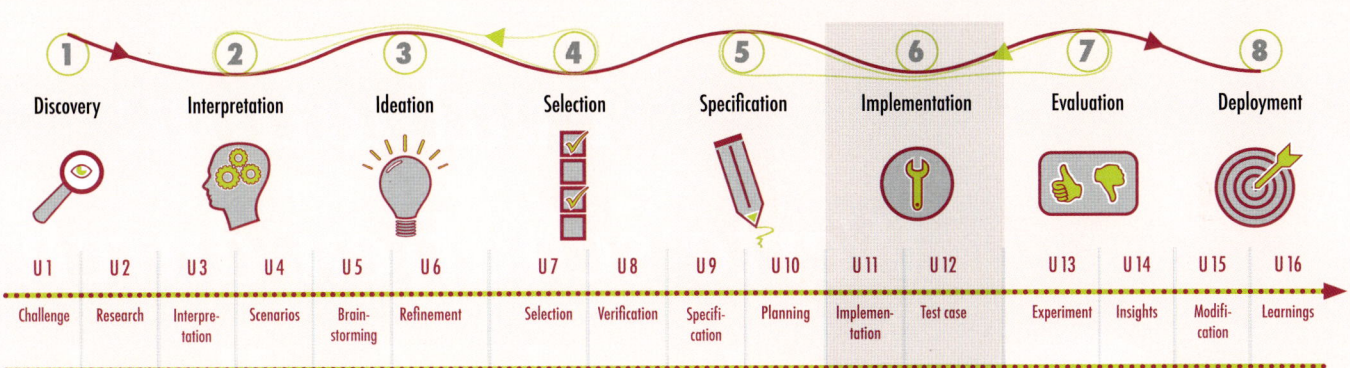

1 Discovery		2 Interpretation		3 Ideation		4 Selection		5 Specification		6 Implementation		7 Evaluation		8 Deployment	
U 1	U 2	U 3	U 4	U 5	U 6	U 7	U 8	U 9	U 10	U 11	U 12	U 13	U 14	U 15	U 16
Challenge	Research	Interpretation	Scenarios	Brainstorming	Refinement	Selection	Verification	Specification	Planning	Implementation	Test case	Experiment	Insights	Modification	Learnings

6

119

Evaluation: Werte schaffen durch Kundenfeedback

»Das Feedback der Kunden ist manchmal schmerzhaft, aber immer gut.« Rolf Hansen (Gründer und CEO von simyo)

Evaluation ist gewissermaßen der Fluchtpunkt des Design Thinking und auch der DesignAgility. In der *Evaluation* wird die Einbindung der Zielgruppe und das Streben nach Feedback umgesetzt. Schon der Begriff Evaluation weist darauf hin, dass auch diese Phase »Value« kreiert, also Wert schöpft. Neben positivem Feedback ist dabei ebenso ernstzunehmende Kritik möglich, die eine Revision der *Specification* notwendig machen kann. In jedem Fall bietet die Evaluation eine wichtige Überprüfung der Idee und damit auch eine Absicherung ihres möglichen Markteintritts. Sie trägt damit – neben den pragmatischen Umsetzungsformen für den Prototypen – wesentlich zum ressourcenschonenden Charakter der DesignAgility bei.

Die Leitfragen der Evaluation sind:
- Welche Probanden werden eingeladen?
- Wie wird der Prototyp präsentiert?
- Wie werden die Rückmeldungen dokumentiert?

Die Ergebnisse der Evaluation werden in der anschließenden Phase des Deployment auf den Prototypen angewendet und dieser ggf. modifiziert.

7.1 Case-Study: Wie analysiere ich meine Pre-Tests?

Die Evaluation des Prototypen fordert von Maren und ihren Kollegen höchsten Einsatz. Die Marketingleiterin des Auftraggebers ist leicht nervös wegen der Erprobung mit realen Kunden. Sie hat persönlich zwei wichtige Verlagskunden ausgewählt, von denen sie weiß, dass sie zwar offen für Neues, aber gleichzeitig kritisch sind. Gleiches gilt für die beiden Autoren, die in ihren Kreisen gut vernetzt sind – das steigert die Bedeutung ihres Feedbacks, erhöht aber auch den Erfolgsdruck.

Maren beruhigt die Marketingleiterin durch die Tatsache, dass bei der Vorführung die Probanden uneingeschränkt wertgeschätzt werden. Niemand wird sie belehren oder ihre Rückmeldungen in Fragen stellen. Außerdem hat Maren nach den guten Erfahrungen beim Ideation-Workshop wieder einen angenehmen Raum und etwas Catering gebucht. Ein Donnerstag am späten Nachmittag stieß bei den Probanden auf positive Resonanz, worauf sich deshalb auch das Projektteam eingestellt hat.

Eine gewisse Aufregung ist bei der Vorbereitung spürbar, aber Maren schätzt das Engagement der Beteiligten. Zu perfektionistische Vorschläge relativiert sie als »nice to have«, was von den zeitlich strapazierten Teammitgliedern dankbar angenommen wird.

Maren hat sich darauf eingelassen, dass sie und ihre Kollegen bei diesem Event als freie Mitarbeiter des Auftraggebers auftreten, um die Probanden nicht zu verwirren. Die Unternehmensmarke soll optimal wirken können.

Für die Begutachtung der mit Augmented Reality angereicherten Print-Broschüre wird eine genaue Dramaturgie erstellt. Die Technik wurde schon mehrfach mit Unbeteiligten getestet und läuft jetzt zuverlässig. Anhand kleiner Aufgaben sollen die Probanden die Fakten und Unternehmensdaten in der Imagebroschüre finden und müssen dazu die AR-Funktionalität nutzen. Bei den Gamification-Elementen wird eine Punkte-Rangliste der vier Teilnehmer erstellt, anschließend erhalten aber alle ein kleines Geschenk. Somit sollte es bei dieser Erprobung auf beiden Seiten nur Gewinner geben.

7.2 Evaluation – Warum diese Phase?

Im Kern ist die Evaluation, wie schon die Zielgruppeninterviews in der Discovery, eine empirische Erhebung und bedient sich daher grundsätzlich auch der Methoden der empirischen Sozialwissenschaft: vor allem der Befragung, des Experiments und der Beobachtung.

Nachdem das Evaluationsszenario bereits in der vorangegangenen Implementation definiert wurde, geht es in der Evaluation um dessen Durchführung. Es handelt sich dabei in der Regel um eine einmalige Gelegenheit, daher ist eine gute Vorbereitung und professionelle

• Eine Erprobung mit der Zielgruppe ist für Prototyp und Marke wertvoll •

Durchführung essenziell. Letzteres empfiehlt sich auch allein deshalb, weil eine solche Begegnung mit der Zielgruppe immer auch die Markenwahrnehmung beeinflusst.

Entscheidend für eine aussagekräftige Evaluierung des Prototypen ist die Gewinnung repräsentativer Probanden. Hierfür greift man auf die Personas zurück, die in der Interpretation entwickelt wurden. Da die Personas zusammen genommen die Zielgruppe der Innovation repräsentieren, ist es nur logisch, sie auch für die Evaluierung einzubinden – es können, müssen aber nicht die gleichen Personen sein, die zuvor befragt wurden. Der Nutzen des Prototypen muss sie als spätere Kunden überzeugen. Andernfalls muss der Prototyp verändert oder neu konzipiert werden. Insofern hat die Evaluation etwas Schicksalhaftes – es handelt sich aber lediglich um eine Antizipation der Kundenakzeptanz beim Markteintritt.

Wichtig ist eine explorative Einstellung der Interviewer, also das Bestreben, die Äußerungen der Probanden zu verstehen. Sie dürfen durchaus auf Konsistenz und Stimmigkeit hin geprüft werden, Kritik sollte aber nicht mit Belehrungen begegnet werden! Die Probanden haben zunächst einmal recht, andernfalls wäre die Investition der Erprobung auch ohne Aussicht auf Rendite. Die Evaluation bietet großartige Chancen, die man nutzen sollte, vor allem die Begegnung mit der Zielgruppe. Diese Situation birgt viele Chancen, steht dadurch umgekehrt unter hohem Ergebnisdruck. Eine gute Vorbereitung hilft, diese Potenziale zu heben.

7

Die Probanden kommen – je nach Persönlichkeitsstruktur – mit anfänglicher Unsicherheit oder hohem Mitteilungsbedürfnis, in jedem Fall aber mit Neugier. Da Kundenbefragungen zu Prototypen noch relativ neu sind, ist es für die meisten Probanden die erste Erfahrung in diesem Bereich. In jedem Fall ist neben einer ansprechenden Kommunikation auch ein angenehmes Verhalten durch die Betreuungspersonen wichtig. Es sollte daher eine einladende Atmosphäre erzeugt werden, in der die Probanden gerne umfangreich und detailliert Rückmeldung zum Prototypen geben. Qualifiziertes Feedback ist ein kostbares Geschenk, für das man angenehme und motivierende Rahmenbedingungen schaffen muss.

• Anbieter und Kunden entwickeln als Community of Practice (CoP) gemeinsam neuartige Lösungen •

Auf Seiten der Probanden kann die Teilnahme an einer solchen Erprobung eine sehr positive und bleibende Erfahrung sein. Sie kann ihre Markentreue und Identifikation stärken und sie zu Markenbotschaftern machen – denn Teil einer Innovation zu sein, wird als Wertschätzung wahrgenommen.

Die Evaluation ist wichtig, weil Sie hier ...

- ... die Zielgruppe Ihre Innovationsidee bewerten lassen und damit den möglichen Markterfolg abklären.
- ... neben dem Prototypen implizit auch Ihre Annahmen zur Zielgruppe und deren Bedarf evaluieren und damit Ihr Zielgruppenwissen steigern.
- ... mit der Zielgruppe in Kontakt kommen und dadurch die Chance haben, für ein positives Markenerlebnis zu sorgen.
- ... über die Evaluation des Prototypen hinaus auch weitere Anregungen für künftige Marktangebote von der Zielgruppe erhalten können.

7.3 Wie? Schritte in der Evaluation

- Evaluation (U13)
- Insights (U14)

7.3.1 Evaluation (U13): Erprobung mit Kunden

Die Wahl der Methode und das konkrete Setting hängt wie immer von den Zielen ab, die man damit erreichen möchte:

- zum Konzept eines Prototyps erhält man besser Feedback durch eine *Befragung*,
- zur Usability erfährt man mehr bei einem unkommentierten *Experiment*.

Aus diesem Grund sind geeignete Räumlichkeiten wichtig, die neben einer zur Produktmarke passenden Atmosphäre ablenkungsfrei sein sollten.

- Eine angenehme persönliche Betreuung,
- erfrischende Getränke o. ä.,
- ein angemessener Zeitrahmen,
- eine Anerkennung des Aufwands von Seiten der Probanden (ein kleines Geschenk?)

führen zu guten Ergebnissen und einer positiven Customer Experience. Allerdings können luxuriöse Rahmenbedingungen das Feedback zur Produktidee auch verfälschen.

So viel Zeit sollten Sie einplanen:

Je nach Betreuungsschlüssel eine bis mehrere Stunden. Kommen alle Probanden parallel zum Einsatz, ist die Erprobung meist nach 30–45 Min. abgeschlossen. Finden Sessions nacheinander statt, dauert es entsprechend mehrmals so lang.

Das brauchen Sie für die Durchführung:

Prototyp, Raum, Betreuungspersonal, Materialien zur Erfassung der Rückmeldungen, evtl. kleine Geschenke

Das kann passieren und so können Sie reagieren:

- Probanden sind enttäuscht oder unzufrieden: Klären Sie, worin die Ursache dafür liegt (Funktionalitäten, Inhalte, Usability, schlechte Laune o. ä.)?
- Probanden beschweren sich: sachlich reagieren, nicht rechtfertigen, gutes Beschwerdemanagement
- Probanden spezifizieren einen weiteren Prototypen, statt den vorliegenden zu kommentieren: alles erfassen, später überlegen, ob verwertbar

7

Abb. 27 • *Die Erprobung neuer Endgeräte ist auch für Probanden aus der Zielgruppe attraktiv (Quelle: iStock)*

7.3.2 Anwendungsbeispiel: Befragung

- passende Rahmenbedingungen
  - rechtzeitige Einladung der Probanden
  - Raum, Zeitpunkt, Betreuung
- notwendiges Briefing der Probanden
  - Einweisung, ggf. Erläuterungen vorab
  - Zustimmung zur Dokumentation des Feedbacks
- nutzerorientierte Durchführung
  - Probanden bestimmen das Tempo
  - alle Äußerungen akzeptieren, ggf. nachfragen und präzisieren
- präzise Dokumentation
  - Audio, Video, Notizen?
  - Zuordenbarkeit zu einzelnen Features, Screens o.ä.
- Meta-Feedback der Probanden zur Evaluation
  - Wie haben sie die Evaluation erlebt?
  - Besteht Bereitschaft, weitere Iteration zu testen?

Abb. 28 • *Befragung im Rahmen einer Erprobung (Quelle: iStock)*

7

7.3.3 Insights (U14): Rückmeldungen auswerten

Das zentrale Ergebnis der Evaluation sind die aus den Rückmeldungen gewonnen Einsichten, die aufgrund ihres Wertes für das Projekt mit größter Sorgfalt behandelt werden sollten.

Voraussetzung bzw. Vorbereitung:
- selbsterklärendes (ggf. kommentiertes) Feedback, das keinen Interpretationsspielraum lässt

Ablauf:
- Übersetzung in konstruktive Maßnahmen, die den Kundennutzen steigern und das Projekt voranbringen (eine Art optimierte *Specification*)
- Hypothesenprüfung: Bestätigt das Feedback die Annahmen zum Bedarf der Zielgruppe?
- Entscheidung, ob eine weitere Erprobung notwendig ist

So viel Zeit sollten Sie einplanen:
2–3 Stunden, je klarer und ggf. konstruktiver die Rückmeldungen sind, desto schneller kann man Maßnahmen ableiten

Das brauchen Sie für die Durchführung:
Gut dokumentierte Ergebnisse von der Erprobung des Prototypen

Das kann passieren und so können Sie reagieren:
- Kritik stellt die Innovationsidee grundsätzlich in Frage: prüfen, ob die Situation ungünstigen Einfluss gehabt haben kann und wie oft diese Kritik kam; ggf. neue Spezifikation für einen weiteren Prototypen
- Wenig aussagekräftige, neutrale Rückmeldungen: weitere Erprobung organisieren
- Begeisterte Rückmeldungen: ausschließen, dass äußere Umstände positive Verzerrung bewirkt haben
- Gutes Feedback, aber keine Zahlungsbereitschaft: Idee auf Wirtschaftlichkeit überprüfen, evtl. Kundennutzen erhöhen

7.3.4 Anwendungsbeispiel: Auswertungsverfahren

Bei der Auswertung der Rückmeldung muss konkret über die Weiterführung des Prototypen entschieden werden. Darüber hinaus stellt sich die Frage, ob die Innovationsidee grundsätzlich bestätigt wurde.

Die Leitfragen dabei sind:
- Wurden der Bedarf und die Relevanz der Innovationsidee bestätigt?
- Wie intuitiv bzw. erklärungsbedürftig war der Prototyp?
- Ist die Lösung den Wettbewerbsangeboten überlegen bzw. attraktiver als diese?
- Lässt die Zahlungsbereitschaft eine wirtschaftliche Markteinführung zu?
- Konnte die Vorführung des Prototypen die Probanden emotional bewegen, begeistern oder positiv überraschen?

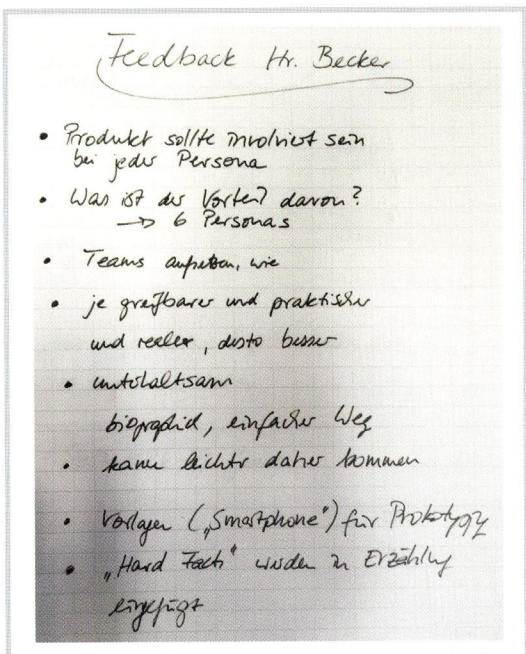

Abb. 29 • *Auswertung einer Befragung in Form verbaler Stichpunkte*

7.4 Blick zurück nach vorn

Auch die Evaluation führt wieder zu greifbaren Ergebnissen. Die Dokumentation der Kundenrückmeldungen beinhaltet wichtige Einsichten für das Projekt insgesamt:

- Der Produktidee und ihrer Umsetzung als Prototyp gibt sie richtungsweisende Impulse; diese geben Anregungen für die Zukunft.
- Als implizite Überprüfung der zu Grunde liegenden Annahmen gibt sie auch Feedback zum bisherigen Projektverlauf, weist also auch in die Vergangenheit.

Die dokumentierten Ergebnisse der Evaluation bergen demzufolge wertvolle weiterführende Einsichten. Sie sind zunächst ein Angebot, das seine Wirkung nur entfaltet, wenn es angenommen wird. Die Ergebnisse der Evaluation stellen dadurch eine Aufgabe, manchmal sogar Herausforderung für das Unternehmen dar: Nur wenn sie aufgegriffen und umgesetzt werden, wird der Wert zugänglich, der in ihnen steckt. Insofern sind auch diese Ergebnisse handlungsorientiert, da sie direkt Aktionen anstoßen oder einfordern. Hier zeigt sich in der DesignAgility deutlich der nahtlose Übergang zur Phase des Deployment, die mit der Modifikation des Prototypen auf der Basis der Evaluation beginnt.

Falls die Rückmeldungen in qualitativer Hinsicht nicht überzeugen, muss eine zusätzliche oder erneute Erprobung in Erwägung gezogen werden. Eine professionell durchgeführte Evaluation ist immer eine lohnende Investition.

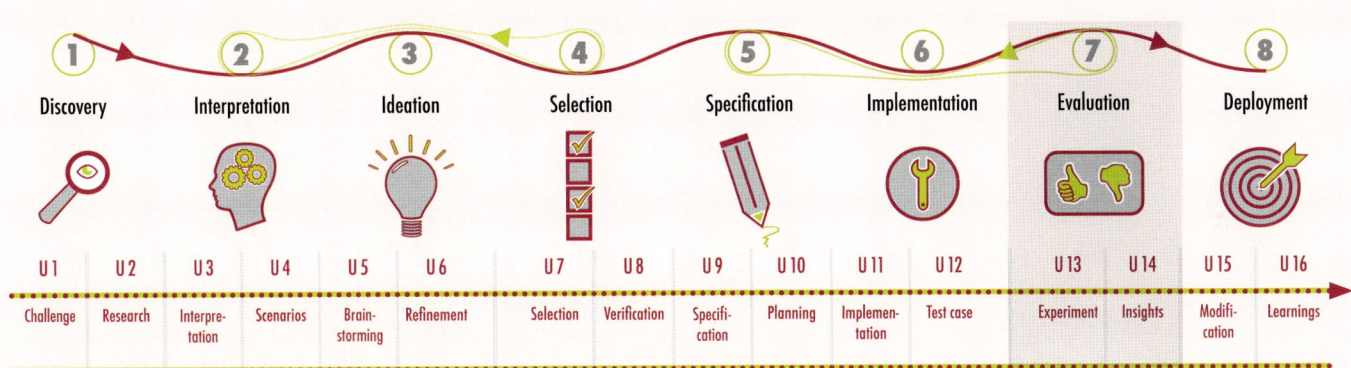

U 1	U 2	U 3	U 4	U 5	U 6	U 7	U 8	U 9	U 10	U 11	U 12	U 13	U 14	U 15	U 16
Challenge	Research	Interpretation	Scenarios	Brainstorming	Refinement	Selection	Verification	Specification	Planning	Implementation	Test case	Experiment	Insights	Modification	Learnings

Checkliste!

Die **Evaluation** ist fertig, wenn...

✓ ... eine Vorführung bzw. Erprobung des Prototypen mit Repräsentanten der Zielgruppe stattgefunden hat.

✓ ... die Gruppe der Probanden die Zielgruppe insgesamt repräsentiert hat.

✓ ... der Prototyp technisch wie geplant funktioniert hat.

✓ ... die Erprobung zu inhaltlichen und glaubwürdigen Rückmeldungen geführt.

✓ ... wenn die Probanden unabhängig von ihrem inhaltlichen Feedback die Erprobung positiv erlebt haben.

✓ ... die Rückmeldungen ausgewertet und als konstruktive Maßnahmen formuliert wurden.

7

131

Deployment: Prototypen ausliefern und lernen

8

»Motivation is the catalyzing ingredient for every successful innovation. The same is true for learning.« Clayton M. Christensen

Das *Deployment* ist das Finale der DesignAgility. Der Medien-Prototyp wird aufgrund der Testergebnisse optimiert, bevor Sie den finalen Prototyp ausliefern. Die Tests machen gravierende Änderungen am Prototypen erforderlich? Dann können zusätzliche Iterationen von der Specification bis zur erneuten Evaluation des Medien-Prototypen erfolgen. Die Lernerfahrungen und künftige Verbesserungsmöglichkeiten für Folgeprojekte sind wichtige Ergebnisse zum Abschluss des Innovationsprojekts, die unbedingt von jedem im Team reflektiert und zusammengefasst werden sollten.

Vor der Auslieferung des Medien-Prototypen sind folgende Überlegungen relevant:

- Welche Änderungen aus der Evaluation möchten Sie im Prototypen noch umsetzen?
- Welche Erfahrungen des Teams innerhalb des DesignAgility-Projekts lassen sich für Folgeprojekte nutzen?

Wie geht es weiter nach der Auslieferung des Prototypen? Ausgehend vom Prototypen folgt nun die Überleitung in die nächste Stufe: Vom Experiment zu größeren Tests oder direkt zum Umsetzungsprojekt, was die Einbindung aller Organisationseinheiten erfordert.

8

8.1 Case-Study: Welches Ergebnis liefere ich aus?

Der Testtag lief sehr gut dank der Vorbereitung in der Implementation-Phase. Marens Auftraggeber ist erstaunt, wie viele wertvolle Rückmeldungen sie aus der Evaluierung gewonnen haben, obwohl doch noch gar kein fertiges Produkt da war. Die größte Erkenntnis: Bisher sind sie alle immer davon ausgegangen, dass das Printprodukt (die Imagebroschüre an sich) das zentrale Medium ist, angereichert durch AR und Gamification. In ihrem Testszenario haben sie AR-Elemente in die Imagebroschüre eingebunden, einmal war es eine Audio-Spur eines zufriedenen Selfpublisher-Kunden, einmal ein Video zu der Gestaltung eines Layouters des Verlags. Die Probanden fanden es sehr gut, virtuell durch das Unternehmen geführt zu werden, dann beim Aufrufen der digitalen Medien Punkte sammeln zu können und im Ranking zu sehen, wie viele Punkte man selbst ergattert hat. Drei von fünf Probanden haben gefragt, ob man die Elemente immer aus der Broschüre heraus aufrufen muss oder ob es auch möglich sei – zum Beispiel auf der Rückseite jeden Buches – aus dem Verlag ein AR-Element zu scannen und dann im Umkehrschluss zur Imagebroschüre und zum »So könnten Sie mit uns Ihr eigenes Buch oder E-Book erstellen« geführt zu werden. Die Frage ist sehr naheliegend. Das Team ist jedoch vorher nicht darauf gekommen, da es noch zu sehr das Printprodukt als zentrales Element der Imagebroschüre in ihrer bisherigen Funktion gesehen hatte. Schnell steht fest: Der Prototyp wird so überarbeitet, dass er diese Erkenntnisse mitberücksichtigt. Die wichtigsten Lernerfahrungen werden auf Post-its® für Folgeprojekte notiert. Maren übergibt die Projektdokumentation. Für den Auftraggeber ist klar: Diese Art, Innovationen in das Unternehmen zu bringen, war eine kostengünstige, erkenntnisreiche Erfahrung und hat eine völlig neue Formen der Interaktion mit der Kunden-Zielgruppe gebracht.

8.2 Deployment – Warum diese Phase?

Das Deployment ist der letzte Schritt der DesignAgility. Ganz bewusst wird hier dem Team Zeit und Raum gegeben, die Erkenntnisse der ersten Tests zu analysieren und gemeinsam darüber zu entscheiden, welche Verbesserungsmöglichkeiten zwar erkannt, aber nicht umgesetzt werden und welche für ggf. weitere Iterationen oder Entwicklungsschritte genutzt werden können. Neben dieser Nachbesserung des Prototypen vor der Auslieferung werden im Deployment die Learnings während der verschiedenen Phasen der DesignAgility reflektiert. Prozesse, Abläufe, Testvorbereitungen, externe Experten – was lief richtig gut? Wo könnten wir uns in der Zusammenarbeit verbessern? Was würden wir beim nächsten Mal weglassen, anders machen?

Diese wertvollen Erfahrungen trägt jeder mit in Folgeprojekte. Mit der Dokumentation und der Freigabe durch die Stakeholder – z. B. die Auftraggeber – ist das DesignAgility-Projekt abgeschlossen.

Deployment ist wichtig, weil ...

- ... Sie hier darüber entscheiden, ob aufgrund der Evaluierungsergebnisse kleine Nachbesserungen des Prototypen ausreichen oder Sie den Loop zurück bis zur Specification der DesignAgility gehen.
- ... das Innovationsprojekt freigegeben, dokumentiert und abgeschlossen wird.
- ... Sie die in dem Prototypprojekt gemachten Erfahrungen reflektieren und Learnings für Folgeprojekte herausziehen.

8.3 Wie? Schritte im Deployment

- Modification (U15)
- Learnings (U16)

8

135

8.3.1 Modification: Prototyp überarbeiten (U15)

Vorbereitung:

- Spezifikation des Prototypen
- Änderungsvorschläge aus der Evaluation

Ablauf:

1. Werten Sie die Beobachtungen, Interviews, etc. aus der Evaluierung aus.
2. Priorisieren Sie die Ergebnisse und ...
3. ... wägen Sie im Team ab, welche Nachbesserungen Sie an dem Prototypen vornehmen werden ...
4. ... oder gehen Sie zurück bis zur Specification, wenn Sie die Testreihe und die Ausprägung des Prototypen neu definieren möchten.
5. Nach Fertigstellung wird der Prototyp vom Stakeholder zur weiteren Marktreifeprüfung freigegeben.
6. Dokumentieren Sie alle DesignAgility-Ergebnisse, von der U1 bis zur U16 für Folgeprojekte.

So viel Zeit sollten Sie einplanen:

2 Stunden (ohne Überarbeitung oder Iteration bis zur Specification)

Das brauchen Sie für die Durchführung:

Flipchart/Stellwand zur Visualisierung und Priorisierung der Evaluierungsergebnisse und Schritte zur Nachbesserung

Das kann passieren und so können Sie reagieren:

Die Evaluierungsergebnisse werden falsch gewertet oder Entscheidendes übersehen: Spiegeln Sie den umgekehrten Weg. Welche Auswirkungen hätte die Anpassung einzelner Aspekte auf die komplette User-Journey? Legen Sie fest, welche Anpassungen wichtig sind, bevor der Prototyp ausgeliefert wird und was zu einem späteren Zeitpunkt hinzugefügt werden kann.

8.3.2 Anwendungsbeispiel: Priorisierung der Anforderungen (aus der Kundenevaluierung)

Sie haben die Ergebnisse aus Beobachtungen und Interviews zusammengefasst und stellen die Ergebnisse im Team vor. Um zu entscheiden, ob und welche Anpassungen Sie vornehmen, gehen Sie für eine Priorisierung wie folgt vor:

1. Was hat den größten Aha-Moment und Begeisterung ausgelöst? (+) Stärken
2. Welche Hürden wurden im Test von den Probanden angesprochen oder beobachtet? (–) Schwächen
3. Welchen Einfluss (*Impact*) hätte die Änderung für die Zielgruppe? (stark/gering)
4. Wie beeinflusst die Anpassung die User-Journey insgesamt? Mehrwert für die Zielgruppe?
5. Wie aufwändig ist die kurzfristige Umsetzung der Änderung?

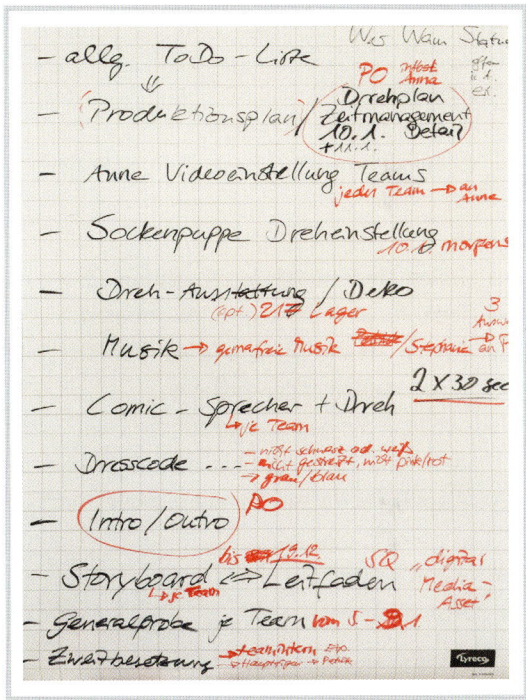

Abb. 30 • *Priorisierung des Kundenfeedbacks*

8.3.3 Learnings: Erfahrungen reflektieren (U16)

Vorbereitung:
- alle am Projekt Beteiligten
- Dokumentation des DesignAgility-Projekts

Ablauf:
1. Teilen Sie Post-it®-Zettel aus und lassen die Teilnehmer jeder für sich die Learnings notieren.
2. Lassen Sie die Zettel alle auf der Rückseite einer Stellwand nacheinander ankleben.
3. Schauen Sie gemeinsam auf die Ergebnisse und fotografieren Sie diese zur Dokumentation.
4. Alternativ: Nutzen Sie ein digitales Umfragetool.

So viel Zeit sollten Sie einplanen:
ca. 20–30 Minuten

Das brauchen Sie für die Durchführung:
Post-it®-Zettel (groß)

Das kann passieren und so können Sie reagieren:
Die Durchführung findet als offene Frage im Raum an alle statt, dadurch erhalten Sie kein ehrliches Feedback, da sich die Teilnehmer gehemmt fühlen: Nehmen Sie sich die Zeit für die Reflexion. Alternativ können Sie dies auch anonymisiert durch ein Umfragetool erfragen und die Ergebnisse transparent für alle veröffentlichen.

Links: Umfragetools wie www.invote.de (live möglich), www.surveymonkey.de oder einfache Umfragen mit Google Forms (als E-Mail/Link) sind digitale Alternativen.

8.3.4 Anwendungsbeispiel: Learning Post-its®

Egal wie kurz, aber nehmen Sie sich Zeit, um Ihre Lernerfahrungen zu teilen.

Post your Learnings here, please!

1. Nehmen Sie Post-it®-Zettel in 3 Farben (oder einfache gelbe) und geben jeder Person mehrere davon.
2. Lassen Sie alle für 10 Minuten so viele Zettel ausfüllen, wie ihnen einfallen, indem sie z.B. folgende Sätze vollenden:
   – Zettelfarbe A) Danke, X für Y
   – Zettelfarbe B) Ich habe gelernt, dass ...
   – Zettelfarbe C) Was war hilfreich, was war hinderlich? (+/−)
3. Schauen Sie die Ergebnisse zusammen an und picken einzelne Zettel heraus. Diskutieren Sie kritische Themen und formulieren eine Lösung für zukünftige Projekte.

Abb. 31 • *Learnings – Reflexion der DesignAgility*

8

139

8.4 Blick nach vorn zurück

Mit dem Deployment haben Sie den Abschluss des DesignAgility-Projekts erreicht. Am Ende dieser Phase entscheiden Sie über die Fortführung in ein Umsetzungsprojekt. Wenn sich herausstellt, dass die Testergebnisse gravierende Mängel in der Nutzerakzeptanz, der technischen Funktionalität oder Markttauglichkeit ergeben haben, so wird der Prototyp in der Galerie Ihrer (nicht verwirklichten) Innovationsversuche ausgestellt. Diese Ergebnisse sollten ebenso transparent im Unternehmen kommuniziert und die Leistung des Teams wertgeschätzt werden wie erfolgsversprechende Prototypen. Die Learnings aus gescheiterten Prototypen sind wertvoll, weil Risiken früh erkannt und die wirtschaftlichen Auswirkungen dadurch auf ein Minimum begrenzt wurden.

Ergebnisse sichern – Take aways:
- Auslieferbarer Prototyp
- Key Learnings

Was noch? Stakeholder einbinden

Nach Fertigstellung werden erfolgreiche Prototypen vom Stakeholder zur weiteren Marktreifeprüfung freigegeben. Weitere kleine Prototypen können erfolgen, um das Produkt oder den Service vor Markteintritt zu erproben.

Checkliste!

Das **Deployment** ist fertig, wenn ...
- ✓ ... Sie den Prototypen überarbeitet und haben.
- ✓ ... über erneute Tests oder die finale Auslieferung entschieden wurde.
- ✓ ... die Dokumentation aller Ergebnisse zusammengestellt ist.
- ✓ ... die Erfahrungen im Team reflektiert und Learnings für Folgeprojekte festgehalten wurden.

1	2	3	4	5	6	7	8
Discovery	Interpretation	Ideation	Selection	Specification	Implementation	Evaluation	Deployment

U 1	U 2	U 3	U 4	U 5	U 6	U 7	U 8	U 9	U 10	U 11	U 12	U 13	U 14	U 15	U 16
Challenge	Research	Interpre-tation	Scenarios	Brain-storming	Refinement	Selection	Verification	Specifi-cation	Planning	Implemen-tation	Test case	Experiment	Insights	Modifi-cation	Learnings

8

Ausblick: DesignAgility – Nach dem Spiel ist vor dem Spiel

»Am Ende gilt doch nur, was wir getan und gelebt – und nicht, was wir ersehnt haben.«
Arthur Schnitzler

Mit jedem DesignAgility Projekt erhalten Sie einen aus Kundenperspektive erstellten und evaluierten Prototyp Ihrer Medieninnovation. Nach jedem Innovationsprojekt empfiehlt es sich, die zukünftige Arbeitsweise insgesamt zu optimieren und anzupassen:

- Sollten Innovationsprojekte künftig anders initiiert werden als in der Vergangenheit? Wer gibt den Anstoß?
- Inwiefern verändert DesignAgility die bisher übliche Zeit- und Projektplanung?
- Müssen Innovationsprojekte mit DesignAgility anders kalkuliert und integriert werden als bisherige Projekte?
- Wie kann das Wissen im Unternehmen so verteilt werden, dass die Erkenntnisse aus DesignAgility-Projekten allen zugänglich sind?
- Wie lässt sich durch DesignAgility eine Innovationskultur verankern?

Die DesignAgility-Stellvertreter – die Personas aus Kapitel I – teilen uns ihre Erfahrungen aus ihren Innovationsprojekten im folgenden Abschnitt mit. Bevor Sie Ihr nächstes Projekt mit DesignAgility starten, werfen Sie einen Blick auf das zusammenfassende DesignAgility-Poster zum Download und legen dann los.

Rückblick aus Sicht der sechs Personas

Christian musste mit DesignAgility in seinem Fachverlag nicht viel Überzeugungsarbeit leisten. Eine Produktentwicklung aus Sicht der Zielgruppe war bereits vorher üblich, da man die Zielgruppe auch sehr genau beschreiben kann: Alle Mitarbeiter der Produktentwicklung verbringen 10 Tage im Jahr bei typischen Kunden. Die Erstellung und Evaluierung eines Prototypen

war allerdings für alle neu. Es gab lange Diskussion, inwiefern ein Prototyp, der nur einen Teil der Funktionalitäten erfahrbar macht, zu verwertbarem Feedback führt. Die Kunden mochten sich zunächst wegen ihrer hohen Arbeitsbelastung die Zeit für die Evaluierung nicht nehmen und mussten vom Vertrieb durch Rabatte bei einem späteren Kauf überzeugt werden. Der Eindruck von der Erprobung war dann aber sehr positiv: Von Rabatten war keine Rede mehr, die Probanden wollten den Prototyp kaum mehr aus der Hand geben. Sie waren äußerst engagiert bei der Sache und gaben ausgesprochen detailliertes Feedback. Darunter waren auch einige zusätzliche Anforderungen an ein entsprechendes Produkt. Christian freut sich einerseits über die gute Resonanz, weiß aber noch nicht, ob er alle diese Anforderungen umsetzen kann. Er tendiert dazu, einen zweiten Prototypen mit weiteren Funktionalitäten anzufertigen und zu erproben.

Florence hat DesignAgility in einem Cover-Projekt für ein Schulbuch ausprobiert. Ihr Auftraggeber war anfangs recht skeptisch, weil die Kompetenz für die Produktgestaltung dem Selbstverständnis zufolge vor allem im Unternehmen gesehen wird. Außerdem hatte der Auftraggeber in der Vergangenheit schlechte Erfahrungen mit wechselnden und widersprüchli-

chen Kundenrückmeldungen gemacht. Schon die Formulierung der Challenge gestaltete sich schwierig, weil sie intuitiv klar schien, aber alle sie im Detail anders aufgefasst hatten. Die

Challenge half dann bei der Angleichung der Blickwinkel. Die Ideation verlief sehr dynamisch, nur dass zu Florence' Leidwesen sich dann alle Teilnehmer als Designer sahen, ohne das Handwerk zu beherrschen. Auch wenn die Evaluation mit der Zielgruppe atmosphärisch eher gemischt war, stellte sich im Nachgang heraus, dass die Probanden sehr beeindruckt von den Coverentwürfen waren – einige haben Fotos davon sogar auf Instagram eingestellt. Florence hat daraus gelernt, sich im nächsten Projekt eine Vertraulichkeitserklärung von den Probanden unterzeichnen zu lassen. Vom Ergebnis ist sie aber begeistert und hat ein klares Feedback und gute Argumente von den Probanden erhalten.

Maximilian hatte es etwas schwer, ein DesignAgility-Projekt im turbulenten Tagesgeschäft unterzubringen. Es war äußerst schwierig, das Projektteam an einem Tag zu versammeln. Maximilian musste viel Überzeugungsarbeit leisten, damit der Kick-off-Workshop zustande kam – danach entwickelte das Projekt eine gute Eigendynamik. Leider hatte sich Maximilian wegen seiner vielen operativen Aufgaben nicht gründlich vorbereiten können. Es kamen einige Fragen zur Methode, die er nicht überzeugend beantworten konnte. Dadurch entstand viel Unsicherheit im Team. Zum Glück war aber der Leidensdruck durch die rückläufigen Abonnentenzahlen so hoch, dass das Projektteam seine Mission trotzdem ernsthaft und engagiert vorantrieb und allein mit dem DesignAgility-Buch gearbeitet

hat. Sehr wertvoll waren dann die Rückmeldungen von den Lesern. Maximilian hatte etwas Sorge, dass das üppige Kuchenbüffet die Probanden in ihrem Feedback zum Prototypen zu milde stimmen könnte. Im Ergebnis kamen wichtige Rückmeldungen zustande, auch die Zahlungsbereitschaft war eindeutig vorhanden, wenn auch auf einem etwas niedrigeren Niveau als erhofft. Maximilian ist insgesamt erleichtert und zufrieden, wird jetzt aber ein Seminar zur Methode DesignAgility belegen, um beim nächsten Projekt besser vorbereitet zu sein.

Maren hat das DesignAgility einige graue Haare beschert, weil ihr Auftraggeber anfangs so skeptisch war. Sie musste die Methode mehrfach erklären und Beispiele aus anderen Unternehmen ins Feld führen, die bereits mit DesignAgility arbeiten. Als das Team erste überzeugende Teilergebnisse lieferte, waren alle Zweifel schnell verflogen.

Jans Kollegen waren begeistert, als er ihnen DesignAgility vorgestellt hatte und setzten große Hoffnung in die Methode. Für kurze Ernüchterung sorgten die Rechercheaufgaben während der Discovery und Interpretation, mit dieser Fleißarbeit hatte niemand gerechnet. Zuvor hatte man sonst immer direkt mit Brainstormings begonnen. Die Personas und die Trendszenarien entschädigten dann aber für den Aufwand, endlich

hatte man einmal eine konkrete Vorstellung von der Zukunft – wenn auch in verschiedenen Ausprägungen. Zweifel kamen vor der Evaluation auf: Könnte ein unfertiger Prototyp nicht dem Image des Verlages schaden? Wie aussagekräftig können die Ergebnisse aus einer solchen Erprobung sein? Umso erleichterter wurde das positive Feedback aufgenommen. Der konkrete Prototyp erwies sich zwar als der falsche Weg, aber die Rückmeldungen zeichneten ein klares Bild von einer besseren Lösung. Über das Kundenfeedback hinaus löste die Erprobung auch viele Gespräche im Verlag aus – unter anderem darüber, in welcher Struktur man die Daten der Autoren künftig benötigt und ablegt, damit sie in verschiedenen Medienformaten ausgespielt werden können.

Kim hat mit der DesignAgility zunächst eine Art Testseminar zu einem Unkostenpreis angeboten, um das neue Angebot zu testen. Die Vorbereitung dieses ersten Seminars erwies sich als aufwändig, weil Kim nichts

dem Zufall überlassen wollte. Das schrittweise Vorgehen half den Seminarteilnehmern, sich gut in die Methode hinein zu finden. Der klare und transparente Weg gefiel den Teilnehmern unter anderem deshalb, weil sie die Methode dann auch ihren Kollegen besser erklären können. Kim hat nach dieser Erfahrung beschlossen, DesignAgility-Trainings künftig regelmäßig anzubieten, idealerweise als Inhouse-Seminare, weil die Medienunternehmen dann jeweils ihre eigenen Themen direkt anwenden können und Kim sich darauf vorbereiten kann. Sie stöbert immer wieder einmal auf der **www.designagility.de**-Seite für aktuelle Tipps, die die Moderation solcher Seminare oder Workshops erleichtern.

Die folgende Grafik (Abb. 32) veranschaulicht die Storys der Personas, der Kreis ihrer Geschichten schließt hier.

Nach dem Spiel ist vor dem Spiel: Sie konnten den Spielverlauf unserer Personas verfolgen und aus ihren Erfahrungen lernen. Starten Sie nun Ihre eigenen DesignAgility Challenge. Wir wünschen Ihnen viel Erfolg!

Abb. 32 • *Auf einem Spielfeld: DesignAgility verbindet Medienschaffende verschiedener Tätigkeitsfelder*

147

Design Thinking: Media Prototyping – Übersicht Gesamtprozess

Die vollständige Prozessgrafik fasst abschließend die gesamte Vorgehensweise im Überblick zusammen. Im Zentrum stehen die acht Hauptschritte und ihre systematische Verknüpfung. Jeder der acht Schritte baut auf die Ergebnisse der vorausgehenden Schritte auf. Optional kann an zwei Stellen iterativ nachgebessert werden.

- Die bei der Selection favorisierten Ideen werden mit den Einsichten der Interpretation konfrontiert: Stehen diese Ideen im Einklang mit den Erkenntnissen zur Zielgruppe, ihren Bedürfnissen und den Trendszenarien? Falls nicht müssen Ideation und Selection erneut durchlaufen werden, neue Ideen generiert und die besten ausgewählt werden.

- Wie äußern sich Repräsentanten der Zielgruppe bei der Evaluation über den Prototypen, wie substanziell ist das Feedback? Fällt die Kritik sehr grundlegend aus, so müssen die Schritte der Specification und Implementation erneut durchlaufen werden. Ziel ist es dann, eine grundsätzliche Akzeptanz des Prototypen durch die Zielgruppe zu erreichen, sodass die Verbesserungsvorschläge eine graduelle Optimierung darstellen.

In der unteren Hälfte der Grafik ist die jeweilige Funktion der acht Hauptphasen stichwortartig vermerkt, wie auch ihre typische Organisationsform. Das Filmsymbol deutet ferner darauf hin, an welchen Stellen die Video-Tutorials zum Leitfaden eingesetzt werden können. Die Grafik ist dazu gedacht, in den Räumlichkeiten der Projektarbeit als Poster Orientierung zu geben und zur Kommunikation im Team anzuregen. Das Poster ist skalierbar bis zu A0 als Download hier verfügbar: **www.designagility.de**

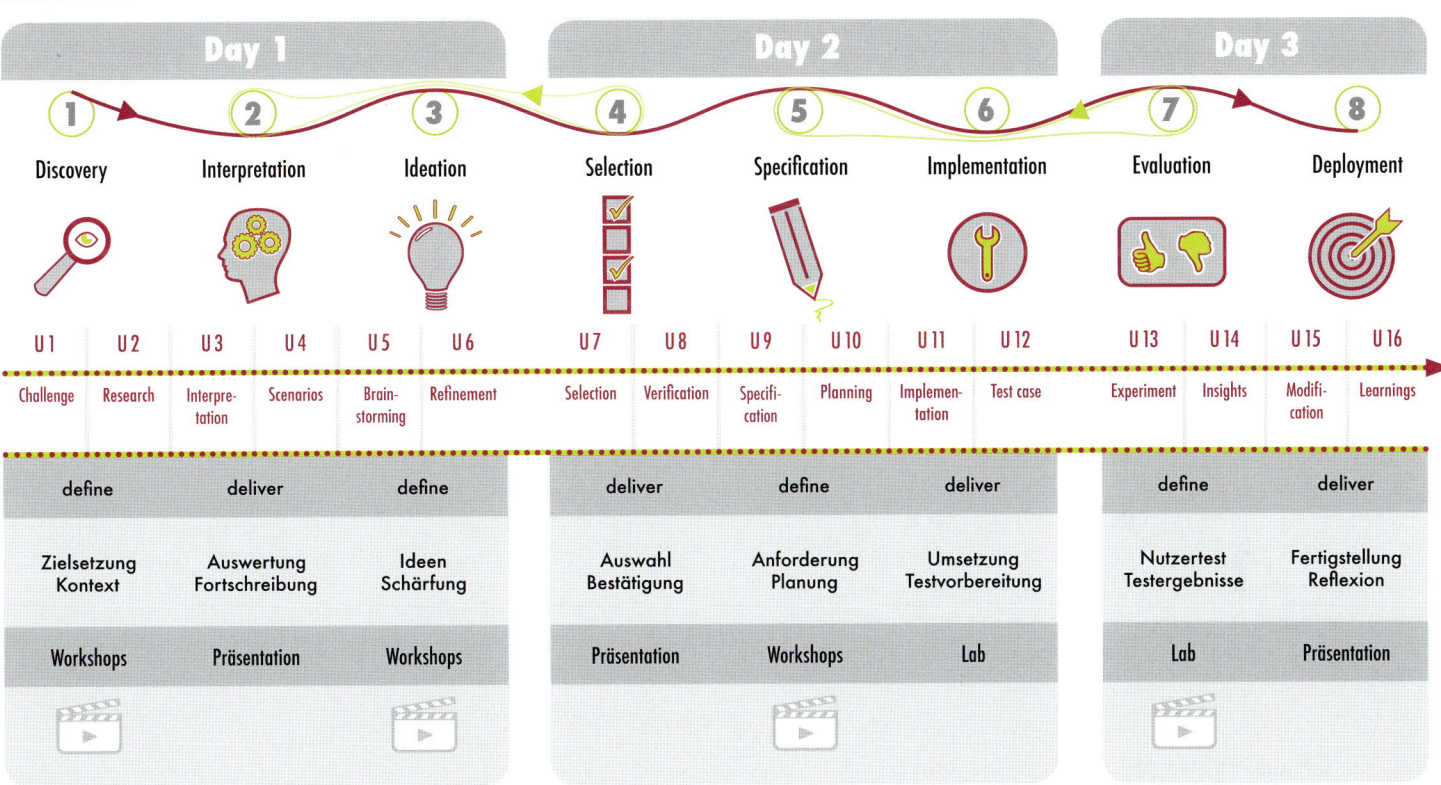

DesignAgility

Day 1 | **Day 2** | **Day 3**

1 Discovery — 2 Interpretation — 3 Ideation — 4 Selection — 5 Specification — 6 Implementation — 7 Evaluation — 8 Deployment

U 1	U 2	U 3	U 4	U 5	U 6	U 7	U 8	U 9	U 10	U 11	U 12	U 13	U 14	U 15	U 16
Challenge	Research	Interpretation	Scenarios	Brainstorming	Refinement	Selection	Verification	Specification	Planning	Implementation	Test case	Experiment	Insights	Modification	Learnings

define	deliver	define	deliver	define	deliver	define	deliver
Zielsetzung Kontext	Auswertung Fortschreibung	Ideen Schärfung	Auswahl Bestätigung	Anforderung Planung	Umsetzung Testvorbereitung	Nutzertest Testergebnisse	Fertigstellung Reflexion
Workshops	Präsentation	Workshops	Präsentation	Workshops	Lab	Lab	Präsentation

Quellenverzeichnis

Blank, Steve/Dorf, Bob/Högsdal, Nils/Bartel, Daniel (2014): Das Handbuch für Startups. Heidelberg: O'Reilly

Bösch, Uta/Müller, Ulrike/Schlüter, Okke (2014): Erfolgsfaktoren für strategische Innovationen im Buchmarkt. [online] www.books-in-action.de [29.09.2016]

Brown, Tim (2009): Change by Design: How Design Thinking Transforms Organizations and Inspires Innovation [Kindle Edition]. New York: HarperBusiness

Brown, Tim (2008): »Design Thinking«. In: Harvard Business Review. June 2008, S.83-95. [online] www.ideo.com/images/uploads/thoughts/IDEO_HBR_Design_Thinking.pdf [08.02.2015]

Claus, Lena-Katrin (2012): Personas als Methode benutzerorientierten Designs. Saarbrücken: AV Akademikerverlag

Dark Horse Innovation (2016): Digital Innovation Playbook, Murmann Publishers, S. 9

Gapgemini Consulting (2016): »Studie IT-Trends 2016«. [online] www.de.capgemini.com/resource-file-access/resource/pdf/capgemini-it-trends-studie-2016_0.pdf [29.09.2016]

Habermann, F./Schmidt, K. (2017): Project Design. Berlin: Becota. [online] www.overthefence.com.de (09.02.2017)

Hagemann, Detlev/Obermayr, Georg/Günther, Matthias (2013): Agiles Publishing – Das Kompendium für neue Publishing-Wege. Wolnzach: Kastner

Hofmann, Martin Ludwig/Vetter, Andreas K. (2014): Design Thinking. Das Denken, das Apple & Co. groß gemacht hat. Paderborn: Fink

HPI Hasso-Plattner-Institut (2015): »Design Thinking: Erste große Studie weist Erfolg in Unternehmen nach«. In: Presseportal [online] www.presseportal.de/pm/22537/3145834 [23.07.2016]

IDEO (2015): »The Field Guide to Human-Centered Design«. San Francisco: Ideo.org/DesignKit [online] www.designkit.org/resources/1?utm_medium=ApproachPage&utm_source=www.ideo.org&utm_campaign=FGButton [12.09.2016]

Knapp, Jake/Zeratsky, John/Kowitz, Braden (2016): SPRINT. How to solve big problems and test new ideas in just five days. London: Bantam Press

Pichler, Roman (2007): SCRUM. Agiles Projektmanagement erfolgreich einsetzen. Heidelberg: dpunkt.verlag

PricewaterhouseCoopers (2015): »Innovation – deutsche Wege zum Erfolg«. [online] www.pwc.de/de/publikationen/paid_pubs/pwc_innovation_-_deutsche_wege_zum_erfolg_2015.pdf [29.09.2016]

Quade, Stefanie (2015): »Move your avatar! Improvisational theatre methods in virtual teams.« International Conference on E-Learning in the Workplace, ICELW, New York, Columbia University, DOI: 10.13140/RG.2.1.3299.6008

Quade, Stefanie/Schlüter, Okke (2015): »Design Thinking: Media Prototyping«. [online] http://innovation.mfg.de/polopoly_fs/1.43120%21/file/design_thinking_media_prototyping.pdf

Quade, Stefanie/Schlüter, Okke (2014): »Adapting Design Thinking for Media Prototyping – Innovative Collaboration at universities and workplaces«, 7th conference of Education, Research and Innovation, Sevilla (Spain), http://library.iated.org/vies/QUADE2014ADA

Schlüter, Okke et. al. (2014): »Szenarien Mediennutzung im Jahr 2025«. [online] http://www.pubiz.de/home/management/management_artikel/datum/2014/10/24/szenarien-mediennutzung-im-jahr-2025.htm [29.09.2016]

Tonhauser, Pauline (2015): Design Thinking Workshop: 12 Zutaten, die in keinem Design Thinking Workshop fehlen dürfen [Kindle Edition]. Berlin: Pauline Tonhauser

Weiterführende Links:

Design Thinking, Universität St. Gallen, http://dthsg.com/

d.school, Stanford University, http://dschool.stanford.edu/

HPI School of Design Thinking, Universität Potsdam,
   https://hpi.de/school-of-design-thinking.html

Abbildungsverzeichnis

Index

Die Autoren

Stefanie Quade arbeitet als wissenschaftliche Mitarbeiterin mit dem Schwerpunkt E-Education und E-Didaktik an der Hochschule für Wirtschaft und Recht Berlin. Sie ist Dozentin zu den Themen Innovations- und Projektmanagement (u. a. Hochschule der Medien Stuttgart, MBA Berlin Professional School, FH des bfi Wien).

Geboren 1977, hat Stefanie Quade nach ihrem Studium der Wirtschaftswissenschaften als Digital Publishing Managerin diverse IT- und Innovationsprojekte in großen Verlagen geleitet (u. a. bei Gruner+Jahr, Pearson, Cornelsen). Heute bietet sie Coachings und Trainings in Medienunternehmen an und ist Referentin an der Akademie der Deutschen Medien.

Sie forscht zu Corporate Social Learning, promoviert in London und bloggt regelmäßig auf elerner.de. Für ihre Arbeiten erhielt sie 2012 und 2013 den International E-Learning Award in New York an der Columbia University.

Kontakt zu den Autoren: designagility@gmail.com

Prof. Dr. Okke Schlüter ist seit 2008 Professor für Medienkonvergenz im Studiengang Mediapublishing an der Hochschule der Medien in Stuttgart (HdM) und ist dort auch Betreuender Professor im Convergent Media Center. Schwerpunkte in der Lehre sind neben der Medienkonvergenz Crossmediales Produktmanagement, Innovationsmanagement und digitale Geschäftsmodelle.

Okke Schlüter ist 1968 in Kiel geboren, er studierte Theater-, Film- und Fernsehwissenschaften, Slavistik und Betriebswirtschaftslehre in Mainz, Berlin und Moskau; Promotion in Slavistik. Nach Stippvisiten bei BCG und McKinsey war er ab 1998 Trainee der Ernst Klett AG für Führungskräftenachwuchs und von 2000 bis 2008 in Führungspositionen in Unternehmen der Klett-Gruppe.

Außerhalb der HdM begleitet er seit 2012 die Innovationsinitiativen protoTYPE und CONTENTshift des Börsenvereins des deutschen Buchhandels als Experte und ist Referent für die Akademie der Deutschen Medien und die Donau-Universität Krems.

Kontakt zu den Autoren: designagility@gmail.com

SCHÄFFER
POESCHEL

Ihr Feedback ist uns wichtig!
Bitte nehmen Sie sich eine Minute Zeit

www.schaeffer-poeschel.de/feedback-buch